그림책, 삶의 순간을 담다

함께 완성하는 시니어 그림책 서평 에세이

그림책,
삶의 순간을 담다

어른그림책연구모임 지음

여는 글

그림책은 삶의 순간을 드러내고, 우리는 삶의 순간을 담아내네

"아이, 좋아. 아이, 좋아. 너무 좋아!" 몇 년 전 '시니어 북스타트' 연수에 참여한 어르신들이 연이어 내지른 탄성입니다. 오래도록 그 음성이 귓가를 맴돌고 마음을 울렸습니다. 연수 내용은 별것 없었습니다. 그림책을 함께 읽고 소감을 나누고 노래 부르고 경험을 나누는 것이었지요. 강사였던 나는 두 시간 연수를 진행하며 그림책을 읽어드린 후 뒷짐 지고 돌아다니는 일이 전부였습니다. 대체 무엇이 이분들을 그리도 행복하게 했던 걸까요? 이 책은 그 질문에 대한 나름의 답입니다.

많은 이들이 인정하듯 그림책에는 치유의 힘이 있습니다. 그림과 문학은 따로 있어도 그 힘을 발휘합니다. 그러나 각기 존재할 땐 자못 난해하여 그 벽을 넘기 어려울 때가 많습니다. 그림책은 다릅니다. 글이 못다 한 이야기는 그림이 보여주고 그림이 못다 보여준 이야기는 글이 풀어주기에 높다란 벽도 가뿐히 넘어설 수 있습니다. 그 순간 경이롭게 펼쳐지는 세상. 그림책을 만나본 사람이라면 누구든 빠져들게 되는 '토끼굴'이지요. 이 굴을 들락거리며 우리는 내 안 깊숙이 숨겨놓았던 상처도, 아픔도, 어린 나도, 순수한 사랑과 꿈도 새롭게 꺼내 볼 수 있습니다. 그림책 작가들은 색과 선으로, 또 이야기로, 어쩌면 우리의 내밀한 마음을 그리도 잘 표현해내고 툭툭 터트려주는 걸까요? 순식간에 지난 일들이 안개구름처럼 피어나 그리움을 몰고 오기도 하고, 꼭꼭 묻어두었던 아픔과 상처 들이 폭풍처럼 달려들어 온몸을 두들겨 대기도 합니다. 신기한 것은 그러고 나면 살아 있음을 느끼게 된다는 것입니다. 용서도 할 수 있고 젊은 날처럼 다시 시작할 용기도 생겨나지요. 혼자 보고 혼자 읽어도 흔히 일어나는 일입니다.

하물며 함께 읽으며 같이 웃고 울며 마음을 나누고 속내를 털어내게 되면 어떤 일이 벌어질까요? "아이 좋아, 아이 좋아, 너무 좋아!"라는 말이 저절로 나오지 않을까요? 더욱이 몸과 마음이 젊은 날 같지 않게 허물어져가는 데다 마땅히 속내를 털어놓을 가족이나 친구가 없던 차에 만난 경우라면요? 벌떡 일어나 덩실덩실 어깨춤을 춘다 하더라도 전혀 이상한 일이 아닐 것입니다.

그림책은 이제 만인의 것이 되었습니다. 어린이와 어른 그림책의 경계가 모호할 만큼 서로를 넘나듭니다. 그럼에도 우리 '어른그림책연구모임'에서는 '어른그림책'을 발굴하고 소개하는 데 좀 더 힘을 기울이고 있습니다. 그중에서도 이번 작업, 『그림책, 삶의 순간을 담다』에서는 **'60+ 세대가 읽기에 좋은 그림책'**을 고르려 애썼습니다. 곧 노년에 이르러 더욱 관심을 기울이게 되는 것들, 예컨대 향수, 어린 시절의 풍습과 문화, 죽음과 상실, 건강과 치매, 외로움과 독거, 은퇴 후의 나날, 새로운 시작, 취미 활동, 여행과 휴식, 자연과 생태, 손주 사랑,

가족의 안녕 등을 그려낸 그림책에 비중을 두었다는 의미입니다. 물론 이런 그림책이 '60+ 세대'만의 것은 아닙니다. 관심이 있다면 어느 연령대가 읽어도 무방하지요.

또한 이번 작업에서 각별히 공을 들인 것은 **독자를 글쓴이에 참여시키는 독후활동**인 '삶을 담아요' 활동이었습니다. 앞서 언급한 시니어 북스타트 연수에서 참여자분들이 그토록 좋아한 데는 '그림책이 갖는 힘' 말고도 강사의 숨은 배려(?)가 있었기 때문일 것입니다. 30여 년 교직 경험을 통해 깨달은 것은 '수업 활동에서 아이들이 가장 행복해할 때는 자신이 수업의 주인공이 될 때'라는 것이었지요. '시니어 북스타트' 연수도 마찬가지였을 것입니다. 강사는 큰 틀을 제공하고 필요할 때만 잠깐 개입한 후, 참가자 모두가 주인공이 되어 자신의 이야기를 하라고 했기에 그리도 행복했을 것입니다. 사람은 누구나 하고픈 말이 있고 때때로 무대의 주인공이고 싶지요. 오랜 세월 수많은 허들을 넘어온 사람이라면 더 말할 게 없을 것입니다. 가슴 한편에 차곡차곡 쌓아둔 이야기, 아직 매듭조차 풀어보지 못한 아프고 그리운 숱한 순간들, 한 번도 경험하지 못한 죽음에 대한 불안과 두려움, 그만큼 더 귀하게 느껴지는 햇살 한 움큼, 하늘 한 조각……. **그 애틋한 삶의 순간순간을 담을 지면**(독후활동 공간)**을 드리고 싶었습니다.** 연수에서처럼 말로 풀어내지 못해 좀 어렵고 곁에 들어주는 이가 없어 흥이 덜할 수 있겠지만, 하고픈 마음이 들 때 천천히, 하고픈 것만 골라서 해도 좋을 것입니다.

이 책에서 소개하는 그림책을 누군가와 함께 읽고 독후활동을 같이할 수 있는 기회가 있다면 더욱 생동감 넘치는 경험이 되지 않을까 싶습니다. 연수나

가족 모임, 또는 책모임에서 몇 개를 골라 해봐도 좋지 않을까요? 이 책을 다리 삼아 서로 만나고 나누고 함께 느끼는 행복한 시간을 누릴 수 있었으면 좋겠습니다.

　이 책이 나오기까지 수많은 그림책을 함께 읽고 토론하고 글을 쓰는 3년여의 긴 시간이 필요했습니다. 특히 2021년 8월부터 매월 '책읽는사회문화재단'의 '60+ 책 추천' 온라인 공간에 기고한 그림책 서평 원고가 큰 힘이 되었지요. 이 책에 실린 글은 대부분 새로 쓴 것이지만, 3년 동안의 그 작업은 우리 모두를 놀랍게 성장시키고, 이런 협업을 서로의 눈빛만으로도 알아채며 척척 각자의 역할을 해낼 만큼 우리를 하나가 되게 해주었습니다. 이 자리를 빌려 그런 기회를 제공해준 '책읽는사회문화재단'에 감사드립니다. 또한 거친 원고를 다듬고 책에 실린 이미지 하나하나마다 저작권자의 허락을 얻느라 고생한 정안나 편집자와 이 책을 더욱 근사하고 멋지게 만들어준 안희원 디자이너와 백화만발 식구들에게 감사와 사랑의 말을 전합니다.

　『그림책, 삶의 순간을 담다』는 읽는 이가 쓰는 이로 참여할 때 더욱 아름답고 완전해지는 책입니다. 이 책의 서평을 읽고 마음에 드는 그림책을 찾아 읽는 것만으로도 위로와 감동을 얻을 수 있지만, 서평 말미의 독후활동지 '삶을 담아요'에 자신을 표현하며 자칫 놓쳐버릴 수 있는 삶의 순간순간들을 담는다면, 당신의 소중한 보물로 탈바꿈할 것입니다. 모두 그런 경험을 해보시길 소망합니다.

2024년 8월 매미 소리가 유난히 시원스러운 날에
어른그림책연구모임을 대표하여 백화현

차례

여는 글 5

1장
가지마다 피어오르는 봄, 봄물

찾았다! 나의 고향, 나의 봄 | 『고향의 봄』 17
함께 읽어요 | 봄 그리고 가족 이야기 20
삶을 담아요 | 나의 고향, 나의 봄 이야기 쓰기 24

수목원, 그 장소의 힘 | 『어떤 날, 수목원』 27
함께 읽어요 | 자연과 함께 성장하고 순환하며 30
삶을 담아요 | 나무나 꽃 관련 시 옮겨 적기 34

자연을 품은 사랑에 관한 기록 | 『콩 심기』 37
함께 읽어요 | 자연과 어우러지는 삶 40
삶을 담아요 | 봄꽃 그리고 꾸미기 44

서랍 속 시간을 열다 | 『레미 할머니의 서랍』 47
함께 읽어요 | 노년의 사랑 50
삶을 담아요 | 그림책 작가 되기 55

봄이 오는 길목에서 | 『구부러진 길』 59
함께 읽어요 | 봄이 오는 길목에서 만날 친구들 63
삶을 담아요 | 길 묘사하기 68

아버지, 당신이 존재했기에 우리가 있습니다 | 『미장이』 71
함께 읽어요 | 이명환의 '가족' 연작 모아 읽기 74
삶을 담아요 | 가족과 해보고 싶은 일 적기 79

2장

초록초록한 여름, 여름날 한때

바다가 건네는 쉼표 | 『핫 도그』 83
함께 읽어요 | 지금 여기 푸른 바다 86
삶을 담아요 | '바다' 연관어 쓰기 90

진정한 아름다움을 찾아 떠나는 여행 |
『세상에서 가장 아름다운, 집으로 가는 길』 93
함께 읽어요 | 또 다른 세상과의 만남, 여행 97
삶을 담아요 | 여행 초대장 만들기 102

누가 죄인인가 | 『할아버지의 감나무』 105
함께 읽어요 | 비바람 속에서도 꽃들은 피어나고 108
삶을 담아요 | 『사과꽃』 풍성하게 맛보기 113

몸과 마음에 의지를 불어넣는 시간 | 『휴가』 115
함께 읽어요 | 휴가가 없으면 어쩔 뻔했어 118
삶을 담아요 | 계절을 빛깔로 표현하기 123

들꽃처럼 평범하면서도 특별한 미자들의 이야기 |
『오, 미자!』 127
함께 읽어요 | 역경을 딛고 삶을 일군 여성들의 서사 130
삶을 담아요 | 나혜석 거리 탐방하기 135

큰 바위 얼굴, 우리들의 아버지 | 『아버지의 연장 가방』 139
함께 읽어요 | 꽃다발 한 아름 안겨드리고 싶습니다 142
삶을 담아요 | 그리운 시절, 사진 찾기 147

3장

깊어가는 가을, 오래 머물고픈 그 자리

무엇보다 소중한 나의 꿈, 나의 인생 | 『엠마』 **151**
함께 읽어요 | 꿈의 씨앗을 함께 심어요 **154**
삶을 담아요 | 취미나 특기 표현하기 **158**

삶을 기억하고 사랑하는 법 | 『내가 아는 기쁨의 이름들』 **161**
함께 읽어요 | 존재에 대한 성찰 **165**
삶을 담아요 | 내가 아는 기쁨의 이름 찾기 **170**

완벽에 대하여 | 『앙통의 완벽한 수박밭』 **173**
함께 읽어요 | 완벽하지 않아서 사랑스러운 완벽함 **176**
삶을 담아요 | 완벽하지 않은 버킷리스트 만들기 **181**

꿈을 나르는 책 선생님, 루이스 소리아노 선생님이 오시네 | 『당나귀 도서관』 **183**
함께 읽어요 | 도서관은 불을 밝히고 영원하리 **186**
삶을 담아요 | 책과 유튜브 만나기 **191**

그림과 함께 맛보는 시, 시 그림책 여행 | 『시를 읽는다』 **195**
함께 읽어요 | 그림 속에서 숨 쉬는 글의 맛과 향기를 느껴보아요 **198**
삶을 담아요 | 시구 또는 글귀 옮겨 적기 **202**

멋쟁이들의 찬란한 추억이 서린 곳, 오래된 양복점 | 『삼거리 양복점』 **205**
함께 읽어요 | 낡고 정겨운 풍경 속으로 떠나는 시간 여행 **209**
삶을 담아요 | 추억 만나기 **214**

4장

그리움을 뒤로한 채 겨울, 겨울 눈

소중해서 남아 있는 기억과 남아 있어서 소중한 기억 | 『기억 상자』 219

함께 읽어요 | 평생 간직하고 싶은 소중한 기억 223

삶을 담아요 | 추억을 노래로 만들기 228

삶의 겨울을 지나는 그대에게 | 『겨울, 나무』 231

함께 읽어요 | 겨울, 또 다른 시작 234

삶을 담아요 | 나무 사진 찍고 한마디 건네기 238

나이테, 삶을 기억하는 또 다른 이야기 | 『모든 주름에는 스토리가 있다』 241

함께 읽어요 | 삶의 여정에서 만난 인연 244

삶을 담아요 | 삶의 여정에서 만난 고마운 인연에게 편지 쓰기 249

나의 바바, 나의 할머니 | 『할머니의 뜰에서』 251

함께 읽어요 | 나의 할머니 254

삶을 담아요 | 할머니와 나의 추억 이야기 풀기 259

사랑하는 이를 마음속에 가두지 마세요 | 『안녕, 코끼리』 263

함께 읽어요 | 슬픔이 가슴을 지나가게 두세요 266

삶을 담아요 | 나의 흔적 이야기 쓰기 271

경계에 갇힌 사람들, 소통을 꿈꾸는 공원 | 『공원에서』 275

함께 읽어요 | 네가 있어 내가 있기에 아름다운 연대 279

삶을 담아요 | 자서전 쓰기 284

5장

그림책으로 만난
나의 봄,
아름다운 봄날

내가 좋아하는 그림책 288

아이와 함께 읽고 싶은 그림책 290

친구에게 권하고 싶은 그림책 292

내가 쓰는 500자 서평 294

내가 쓰는 1,000자 서평 296

못다 한 이야기 300

부록　　　　　　　　　　　『그림책, 삶의 순간을 담다』에서 소개한 그림책 302

1장

가지마다 피어오르는 봄, 봄물

『고향의 봄』
이원수 글 | 김동성 그림 | 파랑새 | 2013

찾았다!
나의 고향, 나의 봄

유주현

'고향'이라는 단어를 들으면 흥얼거리게 되는 노래가 있습니다. "나의 살던 고향은 꽃 피는 산골/ 복숭아꽃 살구꽃 아기 진달래/ 울긋불긋 꽃 대궐 차린 동네/ 그 속에서 놀던 때가 그립습니다." 고향은 봄과 함께 찾아옵니다. 그러나 도시에서 태어난 이들에게 고향은 어린 시절 살던 곳, 자주 가던 할머니 집, 시골 마을쯤으로 여겨지는 낯선 이미지이기도 합니다. 김동성의 그림책 『고향의 봄』은 우리에게 잡히지 않는 실체, 하지만 우리 마음 깊숙한 곳에 자리한 한국의 산과 꽃 들이 만발한 그리운 고향 풍경을 선사합니다. 나의 고향이 진달래 가득한 꽃동네가 아닐지라도 냇가에 수양버들이 춤추는 산골 마을이 아니어도, 누구나 고향 마을을 발견할 수 있습니다.

그림책을 펼치면 면지 가득 복숭아꽃 만발한 가로수 길이 펼쳐집니다. 그 길에 들어서면 "나의 살던 고향은"이란 노랫말을 시작으로 울긋불긋 복숭아꽃, 살구꽃, 진달래 만발한 고향 풍경이 펼침면 가득 담겨 있습니다. 타원형의 커다

마음의 고향이 필요할 때,
어린 시절 친구들이 보고 싶을 때,
즐겁게 뛰놀던 시간이 그리울 때,
나의 살던 고향이 고스란한 그림책을 펼쳐봅니다.

란 그림틀은 그 안에 담긴 고향 풍경을 한눈에 보여주는 동시에 이제부터 어린 시절로 되돌아가는 추억 여행을 시작한다는 신호인 듯 그림책 속으로 빠져들게 합니다. 그리고 다음 장면부터는 화면 가득 고향의 정겨운 모습이 그려집니다. 공을 차는 아이들, 산기슭에서 나물 캐는 아주머니, 밭을 일구는 부부, 자전거 타고 논두렁을 지나는 아저씨, 평상에 앉아 담소를 나누는 할아버지, 그리고 친구랑 놀기 위해 뛰어나오는 아이들, 달려오는 친구들을 맞이하며 반갑게 웃던 그 얼굴…….

흐드러진 샛노란 미나리 꽃밭, 남쪽 들판에 물결치는 푸르고 하얗게 빛나는 보리밭, 만개한 복숭아꽃, 아기 진달래, 봄바람에 날리는 수양버들 냇가, 연둣빛으로 물든 나무 사이를 춤추듯 걸어가는 아이들의 모습은 따스하고 부드러운 색으로 인해 한없이 유쾌하고 활기차게 느껴집니다. "그 속에서 놀던 때가 그립습니다"라는 마지막 노랫말과 함께 고향에서 멀어져가는 나를 향해 친구들은 손 흔들어 인사해주고, 함께 놀던 친구들과 즐거웠던 그 시절 그곳의 추억은 다시 둥근 그림틀에 담기면서 이야기는 끝납니다.

    어느 날 문득 나의 살던 고향이 보고 싶을 때, 마음의 고향이 필요할 때, 어린 시절 친구들이 보고 싶을 때, 즐겁게 뛰놀던 시간이 그리울 때, 그때는 이 그림책을 펼치고 나의 어린 시절이 머무는, 찬란하게 아름다운 〈고향의 봄〉을 가만히 흥얼거려봅니다. 나를 바라보며 반갑게 웃던 친구들, 손 흔들어 맞아주던 친구들이 있기에 오늘도 우리는 고향에서 놀던 때를 생각하며 힘겨운 하루를 살아갈 수 있습니다. 그리운 그 시절 그곳, 다시 돌아오지 않을 나의 살던 고향이 고스란한 그림책을 펼쳐봅니다. 반갑다 내 고향!

함께 읽어요

봄 그리고 가족 이야기

개나리, 진달래, 복숭아꽃, 철쭉이 가득한 한국의 봄은 어디든 우리의 고향 마을 같습니다. 봄은 고향의 계절입니다. 아름다운 봄 이야기, 고향 이야기, 가족과 친구 들이 함께하는 봄 풍경이 아름다운 그림책을 소개합니다.

『우리 순이 어디 가니』

윤구병 글 | 이태수 그림 | 보리 | 1999

「도토리 계절 그림책」 시리즈 중 봄 이야기를 담은 세밀화 그림책입니다. 한국의 봄, 자연, 산골 마을 풍경을 생각하면 가장 먼저 떠오르는 책입니다. 봄볕을 맞으며 동생과 놀던 툇마루, 밥 냄새 가득한 아궁이, 땔감을 쌓아놓은 별채, 장독대가 가지런한 뒷마당, 처마 밑 옥수수와 복조리……. 자세히 보아야 더 예쁜 그림책입니다. 할머니가 쪼그리고 앉아 캐 오신 쑥으로 엄마는 쑥버무리를 찌고, 순이는 엄마를 따라 고개 넘어 밭 갈러 가신 할아버지와 아버지께 새참을 드리러 갑니다. 봄이 시작되는 어느 날, 광대나물 꽃말이 무엇인지, 미나리꽝, 못자리가 어떤 모양인지, 밀밭과 보리밭은 무슨 색인지, 봄 시골 풍경이 어떤 색을 담고 있는지 생각해보지 못한 이들에게 이 책은 더 반갑습니다. 아지랑이 아른거리는 봄처럼 부드럽고 은은하게 밀려오는 파스텔톤의 세밀화가 마음까지 봄빛으로 화사하게 만드는, 이제는 찾아보기 힘든 그리운 산골 봄 풍경을 이 그림책에서 만날 수 있습니다.

『넉 점 반』 윤석중 시 | 이영경 그림 | 창비 | 2004

시와 그림의 배치, 여백의 공간을 활용하여 아기의 움직임과 놀이의 즐거움을 잘 표현한 그림책입니다. 아기는 엄마의 심부름으로 가겟집 영감님께 시간을 물은 후 집으로 돌아가려다 닭과 마주칩니다. 몸은 집 쪽을 향해 있고, 눈은 닭을 바라보는 아이의 엇갈린 시선은 웃음을 자아냅니다. 다음은 개미, 다음은 잠자리, 마지막으로 분꽃 놀이에 빠져 아기는 해가 꼴깍 질 때까지 온 마을을 돌아다닙니다. 아기가 호기심 어린 눈으로, 느긋한 발걸음으로 마을을 걸어 다니는 장면에서는 펼침면 전체에 아름다운 마을 풍경을 따라 아기의 움직임이 그려지고, 멈춰버린 시간 "넉 점 반, 넉 점 반"은 오른쪽 면 빈 여백에 배치해 아기의 움직임을 역동적으로 보여줍니다. 꽃으로 둘러싸인 담장 길, 꽃이 만발한 마을 길을 걸으며 아기는 놀이에 집중하느라 시간조차 잊은 듯합니다. 여백 없이 가득 찬 분꽃 꽃밭에 앉아 있는 아기는 다른 것을 생각할 틈이 없는 듯합니다. 아기에게 놀이는 시간조차 멈추게 하는 즐거운 순간입니다.

『오빠 생각』 최순애 글 | 김동성 그림 | 파랑새 | 2015

<오빠 생각>은 1925년 잡지 《어린이》에 발표된 동시입니다. 최순애 작가는 <고향의 봄>을 쓴 이원수 작가, <넉 점 반>의 윤석중 작가와 함께 '기쁨사' 동인으로 활동했으며, 후에 이원수 작가와 결혼했습니다. 이 작품은 어린이 계몽운동을 하기 위해 서울로 올라간 오빠를 그리며 지은 노래라고 합니다. 그림책 표지에 오빠를 기다리는 어린 소녀의 외로운 모습이 눈길을 잡습니다. 비단 구두 사서 오겠다며 '뜸북새' 울고 '뻐꾹새' 우는 봄에 떠난 오빠는 귀뚜라미가 슬피 울고 나뭇잎이 떨어지는 깊은 가을이 되도록 아무런 소식도 없이 돌아오지 않습니다. 오빠를 기다리는 슬픔, 안타까움, 그리움은 소녀를 바라보는 시점의 변화로 표현합니다. 처음에는 돌 위에 가만히 앉아 오빠를 기다리는 소녀의 모습을 근거리에서 보여 주다가, 점차 시점을 멀리해서 성문 밖 돌 위에 앉아 우수수 떨어지는 나뭇잎을 쓸쓸히 바라보는 모습으로, 그리고 마지막에는 멀리 마을 밖을 바라보며 성곽 위에 서서 하염없이 오빠를 기다리는 모습으로 확대됩니다. 외로이 오빠를 기다리는 소녀의 모습은 노랫말이 나오는 마지막 장에서 오빠와 자전거를 타며 즐거워하는 모습과 대비를 이루어 더욱 애절하게 다가옵니다.

『만희네 집』 권윤덕 글·그림 | 길벗어린이 | 1995

"만희네는 할머니 댁으로 이사를 갑니다." 만희는 이사를 가면 조그만 방 대신 멋진 자기 방을 꾸밀 계획도 세웁니다. 새로 이사 온 만희네 집은 동네에서 나무와 꽃

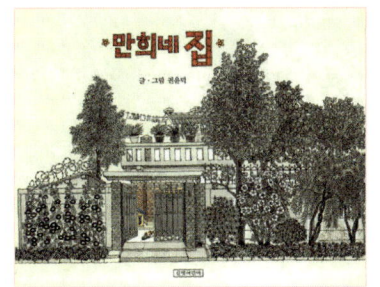
이 가장 많은 화사하고 근사한 집입니다. 방도 많이 있습니다. 자개장이 놓인 안방, 큰 식탁과 예쁜 그릇이 가득 찬 부엌, 광에는 과일, 쌀, 담근 술이 있고, 단지, 솥, 소쿠리며 온갖 물건이 그득합니다. 뒤꼍에는 장작불을 피우는 큰 가마솥이 있고, 앞뜰 화단에는 이름도 다 알 수 없는 꽃들이 모여 삽니다. 봄에는 하얀 목련과 라일락도 피어납니다. 마루로 들어가면 드디어 만희의 방이 나옵니다. 친구를 여러 명 초대하고 장난감을 왕창 어질러도 괜찮습니다. 마루까지 다 만희의 방이 됩니다. 목욕탕도 아버지와 물장난을 칠 만큼 널찍하고, 옥상에는 작은 채소밭도 있고, 아빠를 위한 서재도 따로 있습니다. 만희는 그 집에서 행복한 꿈을 꾸며 일찍 꿈나라로 갑니다. 그림책을 덮으면 잠시 어린 시절 할머니 댁에 다녀온 듯 행복해집니다. 만희네 집은 방마다 한 가지씩 추억을 담고 있습니다.

> 삶을 담아요

나의 고향, 나의 봄 이야기 쓰기

고향의 봄을 떠올리면 어떤 꽃이 가장 먼저 생각나나요? 그 꽃은 무슨 색을 품고 있고, 어떤 이야기를 들려주나요? 우리 동네의 봄은 개나리로 시작합니다. 추운 겨울이 막 끝나갈 무렵, 아직 봄이 다가왔는지 알아차리지 못한 순간, 갑자기 산등성이에 산책로에 학교 교정에 흐드러지게 피기 시작하는 샛노란 개나리. 그 개나리를 바라보며 새 학년을 맞이하고, 새 친구를 만나고, 우정을 쌓아가면서 1년을 보냈습니다. 여러분의 고향의 봄은 어떤 꽃으로, 무슨 색으로 시작되나요? 그 봄에 대한 이야기를 적어보세요.

『어떤 날, 수목원』
한요 글·그림 | 필무렵 | 2021

수목원,
그 장소의 힘

손대희

엉킨 실뭉치처럼 머릿속이 복잡할 때면 찾아가는 곳이 있나요? 숨이 차오를 만큼 힘에 부쳐도 담담히 함께하고 싶은 나만의 일이 있나요? 『어떤 날, 수목원』의 작가는 가끔 수목원에 갑니다. 나무들 사이를 걷다 보면 학창 시절 친구도 떠오르고 돌아가신 할머니와의 추억이나 엄마와 함께했던 수목원에서의 기억도 떠오릅니다. 그다지 중요하지 않은 일들이 생각을 가로막기도 하지요. 저녁에는 뭘 먹을까? 분리수거 배출 요일이 언제였더라? 그래도 수목원에서는 나무들이 보이고 나비들이 보이고 사람들이 보입니다. 작가가 가장 좋아하는 일인 그림 그리기로 그것들을 담아볼 엄두가 다시 생겨나지요. 나무 하나하나가 눈에 담기고, 태풍으로 뿌리 뽑힌 나무 밑동의 의연함도 마음에 담깁니다. 할머니, 할아버지가 돌아가시고 부모님이 그 시절을 정리하는 시간이 되었음을 깨달으며 그네들의 삶이 문득 궁금해지기도 하고요. 내면을 들여다보고 나다운 무언가를 길어 올려 스케치북에 담아보기도 합니다. 뭔지 모를 힘의 원천이

같은 듯 다른 듯 나무마다 삶의 모습이 있고,
그 속에서 일상을 사는 사람들의 모습도
그들의 삶을 닮았습니다.
수목원에서는 다들
자신의 본디 모습으로 돌아가나 봅니다.

수목원에 있습니다.

　한요 작가의 독립출판물이었던 『어떤 날, 수목원』을 전신으로 만들어진 이 책은 분량이 제법 많습니다. 그렇지만 그림을 들여다보는 것만으로도 충분히 즐거울 만큼 지루하지 않지요. 색연필로 섬세하게 그려낸 나무와 숲과 사람들의 모습에서 일상 속의 자신을 발견하기도 하니까요. 전나무, 졸참나무, 가문비나무, 소나무……. 나무의 종류야 수없이 많고 그 생김새가 다른 것도 알고 있지만, 그림으로 만나는 나무들의 개성이 어찌나 잘 드러나 있는지 놀라울 뿐이랍니다. 하늘 높이 뻗어 올라간 미끈한 나뭇가지가 숲을 이루거나, 자잘한 바늘잎이 너른 우산을 펼친 듯 드리우거나, 가지마다 초록색 뭉게구름이 엉글어 있는 듯한 나무, 얽히고설킨 넝쿨이 동굴처럼 드리워진 나무까지……. 새삼 감탄하게 되지요.
　수목원 곳곳에서 만나는 사람들도 각기 다른 모습으로 각기 다른 사연을 지닌 채, 각자의 시간에 몰두해 있습니다. 덕분에 독자들은 함께 수목원을 거닐며 내면에 침잠하는 달콤한 몰입을 경험하기도 합니다. 같은 듯 다른 듯 나무마다 삶의 모습이 있고 그 속에서 일상을 사는 사람들의 모습도 그들의 삶을 닮았습니다. 수목원에서는 다들 겉치레를 내려놓고 자신의 본디 모습으로 돌아가나 봅니다.

잘 찍은 사진보다 더 정확하고 풍부하게 그곳의 정경을 전달해주는 그림의 힘이 느껴집니다. 시시각각 변화하는 나무들의 성장과 쇠락이 우리네 삶의 모습과 겹쳐 보이기도 하지요. 작가는 말합니다. "살면서 맞닥뜨리는 불안과 좌절과 후회 그리고 삶의 물음표를 수목원이라는 장소를 통해 치유하고 계속 앞으로 나갈 힘을 얻는다." 젊은 작가의 사색과 좋은 그림이 어우러져 장소가 주는 힘에 공감하는 즐거움을 누리게 됩니다.

> 함께 읽어요

자연과 함께 성장하고 순환하며

사람은 생태계의 최고 지배자가 아니라 그 안에 놓인 연결고리 중 하나일 뿐입니다. 여기서 소개할 책들을 통해 꽃이 피고 벌레가 울고 계절이 순환하는 자연의 섭리가 사람들의 삶의 섭리와 연결되어 있음을 되짚어보고자 합니다. 그러기에 풀포기 하나, 작은 벌레 하나도 더불어 살아가는 귀중한 존재임을 잊지 말아야겠습니다. 들여다보고 보살피고 깨닫고 가다듬으며 순환하는 생명 가운데 겸손한 한 자리를 나누어 공존할 수 있기를 바라봅니다.

『검정 토끼』 오세나 글·그림 | 달그림 | 2020

거대한 몸집의 검정 토끼가 그려진 종이 케이스에서 책을 꺼내면 온갖 색깔 조각으로 알록달록한 토끼 그림의 표지가 나타납니다. 책의 제본이 무척 특이하지요? 완전히 펼쳐볼 수 있도록 한 누드 사철 제본으로 책을 엮어 우리 고유의 서책 느낌도 납니다. 화사한 표지 그림이 어두운 느낌의 제목과 어떻게 연결될지 몹시 궁금해지지요. 표지를 펼치면 귀엽기만 한 검정 토끼가 한 마리, 두 마리 폴짝이며 모여들어 "북적북적", "고물고

물" 여행을 떠납니다.

'예쁜 쓰레기'라는 말을 들어봤나요? 끊임없이 생산되는 온갖 물건들, 딱히 필요하지 않은 그것들에 현혹되어 계속 사다 보면 결국 예쁘기만 한 쓰레기가 된다는 의미랍니다. 책은 푸르른 숲과 바다가 어떻게 '예쁜 쓰레기'로 뒤덮이는지, 그 속에 사는 생명들이 어떻게 죽어가는지 훈계 한마디 없이 찬란한 색으로 섬뜩한 경고를 던져주지요. 작은 토끼 한두 마리가 모여들어 결국 거대한 괴물이 되고, 그 끝은 우리를 향해 있음을……. 알고 있지만 피하고 싶기도 한 진실을 직면하도록 이끌어줍니다.

『빙산』, 『검정 토끼』로 볼로냐 국제아동도서전에서 '올해의 일러스트레이터'에 선정되기도 했던 오세나 작가의 은유적 메시지가 강력한 경각심을 불러일으키는 작품입니다.

『**적당한 거리**』 전소영 글·그림 | 달그림 | 2019

'적당하다.' 세상에서 제일 어려운 일일 거예요. 대충 중간 어디쯤이라는 식으로 무책임하게 넘기고 싶은 건 아닐 테고, 어떤 이에게는 적당한 것이 다른 이에게는 넘치거나 부족할 수 있으니까요. 식물을 돌보는 데는 종류마다 다른 정성과 손길이 필요합니다. 적당한 물의 양이 다르고 필요한 햇빛의 양도 다르지요. 화분을 잘 키우는 비법이 적당함인 것처럼 사람 사이의 관계도 그렇지 않을까요? 식물을 가꾸고 그것들이 성장하는 모습을 지켜보면서 가까운 사람에게 필요한 적당한 관심과 배려를 배우게 됩니다. 책장을 넘기다 보면 푸르게 자라나는 잎을 쓰다듬는 듯 수채화의 부드러운 색감이 마음을 단정하게 해줍니다. 자연스러운 색감만큼이나 잎사귀며 흙이며 정성스러운 손길이 담백하게 표현되어 손수 이들을 매만지는 느낌이 들기도 하지요. 문득 소원했던 친구 생각에 그리움이 일렁이기도 하고, 애틋함이 먼저인 자식 걱정에서 적당한 거리는 어디쯤인지 묵직해지기도 합니다.

자연 가까이서 생명의 소중함을 담아내는 작가는 『연남천 풀다발』로 우리에게 친숙하답니다. 사소한 일인 듯하지만 많은 정성이 필요한 식물 가꾸기처럼, 늘 곁에 있는 사람들과의 관계와 사랑의 거리에 대해 생각하게 해주는 작품이지요.

『**피어나다**』 장현정 글·그림 | 길벗어린이 | 2020

책장을 넘깁니다. 연녹색 새싹이 흙을 뚫고 "쏘옥" 아니, 새싹을 머리에 인 애벌레가 고개를 내민 것이었네요. 살그머니 웃음이 납니다. 여기서도 저기서도 풀 다발 속속들이 나뭇가지마다 꽃대궁 위에서도 숨죽여 허물을 벗고 곰실곰실 살아남아 하고 싶은 얘기가 있나 봅니다. 보이지 않는 곳곳에 자연은 생명을 숨겨두고 키워내고 결국은 모두 피어나기에 이릅니다. 어디 있었는지 한여름 그 많은 매미가 목청껏 "맴" 하는 소리가 초록의 함성으로 터져 올라 피어남을 외칩니다. 꽃이 피어난 줄 알았더니 벌레들도 그렇게 피어나고 있었던 겁니다. 작가는 "저도 피어나 보려 합니다"라고 희망을 고백합니다. 세상에 하찮은 존재는 없으며 생명의 존귀함은 어느 것에나 깃들어 있다는 작은 목소리가 마음에 울립니다.

허물을 수집하러 돌아다니며 준비했다는 장현정 작가의 세 번째 그림책으로 순수함이 묻어나는 한국화풍의 그림에는 여백이 많아 더욱 집중하게 만드는 힘이 있습니다. 설명을 생략하고 "살금살금", "바스락", "툭 투두둑"같이 짧은 단어로 표현한 글에서도 여백의 미가 느껴집니다. 자연의 생명이 피어나는 소리가 들리는 듯하지요.

『나뭇잎을 찾으면』

에이미 시쿠로 글·그림 | 서남희 옮김 | 피카주니어 | 2023

동글한 뺨에 까만 눈망울이 호기심으로 가득한 소녀가 단풍 든 나뭇잎으로 상상을 펼쳐냅니다. 적당한 나뭇잎을 잘 찾기만 하면, 그것으로 모자도 자동차도 그물침대도 무엇이든 만들며 놀 수 있지요. 숲속 유치원에 와 있는 듯 봉인되어 있던 동심을 한꺼번에 풀어놓게 하는 낙엽 놀이! 흠뻑 빠져 저마다 다음에는 무엇을 만들어볼까 골똘하게 됩니다.

그림책은 깊은 가을의 갈색조로 그윽하고 풍부하게 표현되었는데, 수채물감뿐만 아니라 목탄과 잉크까지 사용하는 작가의 독특한 표현 기법 덕분이랍니다. 여기에 실재 나뭇잎을 붙여가며 그림을 그렸다고 하니 작가의 끝없는 상상력이 놀라움을 자아냅니다. 단풍의 색이 얼마나 다채로운지, 같은 색이 하나도 없다는 것을 자세히 들여다보며 비로소 알게 됩니다. 그렇게 실컷 놀다 긴 잠에 들면 계절은 봄의 새순을 약속하며 순환합니다. 가을날 낙엽이 진 자리에는 봄날 새로운 잎이 고개를 내밀며 잠에서 깨어나겠지요.

에이미 시쿠로는 그림을 전공하고 미국에서 그림책 창작활동을 하고 있으며『별들 사이에 비밀이 있어』,『색색의 들판에서 춤춰요』등 많은 그림책을 펴낸 작가입니다.

삶을 담아요

나무나 꽃 관련 시 옮겨 적기

자연을 노래한 시는 많습니다. 황지우 시인의 〈겨울나무로부터 봄나무에로〉라든지 나태주 시인의 〈풀꽃〉 같은 시를 예로 들 수 있겠네요. 좋아하는 나무나 꽃을 소재로 한 시를 찾아 옮겨 적으며 물오른 자연을 마음에 담아도 좋을 듯합니다. 시 찾기는 시집이나 인터넷 자료를 활용하면 됩니다.

1. 제목:

2. 지은이:

3. 시의 전문을 옮겨 쓰고 마음에 드는 구절에 밑줄을 그어보세요.

『콩 심기』

신보름 글·그림 | 킨더랜드 | 2018

자연을 품은
사랑에 관한 기록

변영이

　　78세 옥님 할머니가 손녀에게 콩 심는 방법을 조곤조곤 들려줍니다. 서울에 올라와서도 할머니의 일상에는 집안일과 더불어 농사가 자리하고 있습니다. 이 그림책은 할머니의 지혜를 배우며 오래오래 함께하고 싶은 바람이 담긴 작가의 첫 작품이랍니다. 신보름 작가는 '탑골미술관 신인작가 지원사업'에 선정되어 평생 함께한 할머니를 향한 사랑을 담은 첫 개인전 「이날생전」을 열기도 했습니다.

　　옥님 할머니의 이야기로 자수, 그림 등의 작업을 하던 작가는 사진과 영상에 담긴 할머니의 모습을 판화에까지 옮겨놓았습니다. 조각도로 고무판을 파다 보면 또 종이에 새기다 보면 할머니를 마음속으로 더 오래 새길 수 있을 거라 생각했다고 하네요. 판화 작업은 농사의 수고로운 작업과 어울리기도 하고요. 매력적인 재료인 듯합니다.

　　이 그림책은 흙을 고르고 콩을 심고 싹이 나기를 기다리는 긴 시간이 병

© 신보름, 킨더랜드

풍 형태로 만들어졌습니다. 푸른빛과 보랏빛이 어우러진 오묘하고 환상적인 색채로 식물이 자라는 과정이 길고도 넓게 펼쳐지는데, 예술 작품을 만난 듯 감상하게 됩니다. 앞면의 자연은 생동감 있고 위트 있게 그려졌으며, 뒷면은 조금 정적이며 무르익은 빛깔로 묘사되었습니다. 할머니가 터득한 콩 농사짓는 방법을 앞면에서는 정감 있는 사투리로 전하고 있는데요. "어야, 보고 따라 할 수 있음 해 봐라." 물 뿌리기, 비료 주기, 흙과 비료를 섞어 주기, 잡초 제거하기, 비닐 덮기, 비닐 가장자리 고정하기, 구멍 내기……. 콩 심기 전에 필요한 과정이 많음에 새삼 놀라게 되네요. 할머니가 허리 굽혀 농사짓는 모습을 눈으로 따라가며 살펴보는 재미도 있습니다. 심어놓은 콩이 자연의 힘으로 자라는 과정은 뒷면에 담았는데요. "그냥 농사 잘 되길 기다려야제. 우리네 살아오는 게 다 그라." 싹이 나오고, 하얀 꽃이 피고, 누런 꼬투리가 맺히고 영글어갑니다. 농사짓는 할머니의 모습은 보이지 않지만, 할머니와 손녀가 주거니 받거니 하는 대화에서 애정이 고스란히 전해집니다.

땅을 통해 사람에게 필요한 식물을 재배해 씨앗, 열매, 뿌리 등의 부산물을 얻는 산업을 '농사農事'라고 합니다. 할머니는 농사를 짓고, 손녀는 이야기를 짓고, 그 과정이 따스한 온기를 품고 세상에 나온 셈이네요. 할머니의 따뜻한 지혜와 손녀의 애틋한 마음이 어우러져 아날로그 감성을 담아내니 여운이 길게 남습니다.

신보름 작가는 할머니를 그리는 화가이며, 그녀의 그림은 할머니와 농사를 사생한 결과물입니다. 자연처럼 자신의 곁에 머물며 늘 감사한 존재인 할머니를 상기하기 위해 그림으로 붙잡아놓은 기록일 것입니다. 작가에게 '콩 심기'란 할머니의 일상을 기록하고 공유하여 빚어내는 또 하나의 세계이자 사랑이 아닐까 싶네요.

함께 읽어요

자연과 어우러지는 삶

자연은 우리에게 쉼을 선사하고 뜻밖의 위로와 무언의 위안을 건네기도 합니다. 인간의 마음은 주어진 환경이나 상황에 따라 변화하나 자연은 한결같기에 인간에게 위안이 되는 듯합니다. 반복되는 일상에서 자연의 잔잔한 아름다움으로 인도하는 그림책을 소개합니다. 이 책들을 만나는 과정이 마음 농사를 짓는 여유로운 삶으로 이어진다면 더없이 좋겠습니다.

『**농부 달력**』 김선진 글·그림 | 웅진주니어 | 2022

그림책은 『나의 작은 집』으로 잔잔한 감동을 전했던 김선진 작가의 작품으로 '가정에 건강과 행복이 깃드시길 기원합니다'라는 부제를 달고 있는데요. 표지를 가벼이 지나치지 마시고 유심히 살펴보세요. 계절을 상징하는 귀여운 그림이 42개의 칸에 들어 있는데, 책 속 농사짓는 부부의 1년이라는 시간이 고스란히 담겨 있습니다. 책장을 넘기다 보면 봄, 여름, 가을, 겨울이 시간의 흐름에 따라 펼쳐지는데 참으로 정겹습니다. "두둑두둑" 밭고

랑을 내며 봄을 깨우고, "툭 투둑" 여름 장마가 지나가고, "톡 토독" 밤 따는 소리에 가을이 짙어가고, "소로록" 눈을 만나 겨울이 깊어가는데요. 단순히 농사짓기에 관한 기록을 뛰어넘어 다채로운 이야기를 품고, 자연 속에서 순응하고, 이웃들과 소통하는 모습을 엿보다 보면 저절로 입가에 미소가 지어집니다. 또 하나의 즐거움, 장면마다 깨알 같은 재미를 주는 글과 특색 있는 사투리가 만나서 구수한 맛을 전하고 있어요. 겨우내 닫혀 있던 씨앗 창고가 다시 열리면 새봄이 사부작사부작 우리 곁에 찾아오겠지요. "새순이 쏙 고개를 내밀면 물과 햇빛, 산들바람이 조용히 지켜봅니다. 아침 노을, 봄꽃도 참 고와요. 이걸로 충분합니다."

『수박이 먹고 싶으면』

김장성 글 | 유리 그림 | 이야기꽃 | 2017

표지에 강아지 한 마리가 있습니다. 강아지의 눈길이 닿는 곳에 조그마한 수박 덩굴이 보이는데요. 파란 하늘과 하얀 구름 배경이 어우러져 더 인상적입니다. 벚꽃 흩날리는 봄날, 겨울이 물러간 밭에 까만 수박씨를 심고 있는 손이 크게 다가옵니다. "떡잎이 온 힘 다해 솟아나 있거든 대견해라 기특해라 활짝 웃으며 아이처럼 기뻐할 줄도 알아야 한다." 자연 속 일상은 한결같아 보이지만 하루가 다르게 쑥쑥 커가는 수박의 모습을 응원하며 지켜보게 되네요. 수고와 정성이 보람을 빚는 세상을 바라며 썼다는 김장성 작가의 글 속에 농부의 고된 노동을 토닥이는 마음이 깃들어 있습니다. 자연에서 보낸 어린 시절이 큰 자산이라는 유리 작가는 수박이 크는 과정을 섬세하고 감성적인 이미지로 풀어내었고, 40여 년 동안 농사를 지어온 농부의 조언이 더해져서 짙은 감흥을 남깁니다. 한 시절이 가득 고인 수박 한 덩이는 크기만큼이나 넉넉하게 많은 사람을 불러 모으는 힘이 있습니다. 따사로운 햇살 아래 평상에 모여 앉은 다양한 사람들, 두런두런 이야기 나누며 수박 한 조각씩 나눠 먹던 추억을 떠올려보면 어떨까요?

『흔들린다』 함민복 시 | 한성옥 그림 | 작가정신 | 2017

사선으로 켜켜이 쌓여 있는 하늘 아래, 위태로워 보이는 한 그루의 나무가 담긴 표지가 인상적입니다. 참죽나무의 가지를 치다 나무를 바라보며 넋두리하듯 던진 말들이 묵직한 시가 되었다고 하는데요. 함민복 시인의 『눈물을 자르는 눈꺼풀처럼』에 수록된 시 <흔들린다>와 한성옥 작가의 그림이 어우러진 시 그림책입니다. 우리나라 1세대 그림책 작가가 그린 흔들림의 중심에 있는 나무, 부들부들 몸통을 떨고 있는 모습은 시어를 머금은 듯합니다. 먹구름의 검은색으로 시작한 그림은 푸르름으로 마무리되는데, 강하면서도 부드러운 이미지가 절묘하게 어울립니다. 나무가 흔들림을 견뎌내고, 그늘을 내어주며 다른 생물들과 관계를 맺고, 성장해가는 모습은 우리 삶의 모습과 다르지 않아 보이네요. 그림책 낭독을 권하고 싶습니다. 가만가만히 글과 그림 사이, 그림책 속 여백에 머물러도 좋겠어요. 흔들리지 않으려 흔들려왔던 나, 우리들의 이야기가 스멀스멀 올라올 듯한데요. 마음의 껍데기를 톡톡 두드리는, 그 울림의 순간을 마주하기를 바랍니다.

『흰 눈』 공광규 시 | 주리 그림 | 바우솔 | 2016

여린 생명들을 밟지 않으려고 맨발로 산행한다는 공광규 시인의 마음이 담긴 글과 독특한 감성과 분위기를 자아내는 주리 그림 작가의 손길이 더해져 매력적인 그림책으로 재탄생했습니다. 봄소식을 하얀 꽃으로 전하는 매화나무, 벚나무, 조팝나무, 이팝나무, 쥐똥나무, 산딸나무, 아까시나무, 찔레나무의 아름다움을 만끽해보세요. 봄날에 무심히 지나쳤던 풍경 속에 비슷해 보이지만 조금씩 다른 꽃들의 존재가 신선하게 다가옵니다. 그림 속에 천천히 오래 머물다 보니 화려한 꽃 사이에서 할머니의 소소한 일상을 느끼게 됩니다. 병아리에게 모이를 주고, 손빨래를 널고, 밭에서 수확한 먹을거리를 챙겨 오고, 나무 아래 숨어 있는 고양이와 반가운 인사를 하기도 합니다. 동그란 밥상에 소박한 반찬, 꽃무늬 바지, 손때 묻은 사물 들은 따스함과 정겨움을 품고 있네요. 어르신의 희끗한 머리 위에 내려앉은 겨울눈 같은 봄꽃, 노을 속에 서 계신 뒷모습에 진한 여운이 남습니다. 제목은 '흰 눈'이지만 펼쳐지는 풍경은 꽃눈이네요. 두고두고 가슴 시리게 할 풍경을 만나고 싶다면 찬찬히 들여다보기를 추천합니다.

삶을 담아요

봄꽃 그리고 꾸미기

『흰 눈』을 통해 봄꽃들을 감상해보았습니다. 마음에 드는 봄꽃을 그려보거나 예쁜 꽃 모양 스티커로 꾸며보세요. 문구점이나 생활용품 판매점에 가면 다양한 꽃 모양의 스티커가 있어요.

『레미 할머니의 서랍』

사이토 린·우키마루 글 | 구라하시 레이 그림 | 고향옥 옮김 | 문학과지성사 | 2022

서랍 속
시간을 열다

배수경

　서랍 속에서 무언가를 찾고 있는 할머니의 뒷모습이 인상적입니다. 그 속에는 바느질 도구와 편지, 작은 상자, 빈 병, 리본, 자투리 천까지 물건이 수두룩합니다. 다들 자신이 사용되었던 지난날을 떠올리며 신세 한탄하느라 바쁩니다. 하지만 레미 할머니에게 그것들은 다 쓴 물건이 아닙니다. 앞으로 어떤 용도로 사용될지 모르는, 무한한 가능성을 지닌 것입니다. 계절에 따라 할머니 손을 거친 물건은 이전보다 훨씬 더 멋진 모습으로 변신합니다. 어느 봄날, 빈 사탕 병은 딸기잼으로 채워져 빨간 드레스의 자태를 뽐어냅니다. 여름이 되자 설탕이 들어 있던 유리병에는 색색의 채소로 만든 피클이 담겨 우쭐댑니다. 상쾌한 가을, 꽃다발에 묶여 있던 리본은 아기 고양이의 목에 나비넥타이로 장식되고, 겨울이 오자 스웨터의 소매를 푼 실은 모자로 태어나 할아버지에게 갑니다. 새로운 용도로 재탄생한 물건들은 사용되기 전보다 더 반짝반짝 빛나죠. 새로이 탄생한 물건은 새로운 사람에게 힘을 줍니다. 할머니의 초콜릿 상자가

쓸모를 다했다고 여겼던 물건이
레미 할머니의 손에서
다시금 빛을 발하는 장면을 보며,
이미 시들었다고 생각한 삶이
다시 찬란해질 수 있음을 깨닫습니다.

레오 할아버지의 반지를 품고 되돌아온 것처럼요. 노년의 로맨스가 이리도 아름다울 수 있다니 읽는 이마저 가슴이 설렙니다. 홀로 지냈던 할머니의 방에 할아버지의 의자가 더해져 마지막 장면에서는 따스한 온기로 우리를 미소 짓게 합니다.

　『가을에게, 봄에게』의 작가 사이토 린과 우키마루가 함께 글을 쓰고, 일러스트레이터 구라하시 레이가 그림을 그렸습니다. 서랍 속 흑백의 물건들이 다시 색을 찾는 모습과 할머니의 빨간 카디건과 푸른 서랍장의 대비는 물론, 각양각색의 물건과 꽃 들의 향연까지, 눈과 마음이 풍요로워집니다. 긴 겨울이 지나고 새싹이 움트기 시작한 봄날 레오 할아버지가 청혼하며 건넨 커다란 꽃다발은 그림책을 가득 메우며 향기를 선물해줍니다. 수줍은 듯 마주 보는 두 사람의 모습은 한 폭의 사진처럼 사랑스러워요. 달캉달캉, 삐걱삐걱, 쿵쿵대는 물건의 속삭임 또한 우리의 인생과 겹쳐져 공감으로 이끕니다. 우리의 인생도 젊은 날 열정을 다해 치열한 삶을 살아낸 후 이젠 나의 쓰임이 다했다며 허탈해질 때가 있습니다. 하지만 쓸모를 다했다고 여겼던 물건이 다시금 빛을 발하는 장면을 보면서, 이미 시들었다고 생각한 삶이 다시 찬란해질 수 있음을 깨닫습니다. 레미 할머니의 섬세한 안목과 따스한 사랑은 마법의 지팡이가 되어 모든 것을 피어나게 합니다. 사람은 자신의 쓸모를 스스로 발견할 수도 있지만, 자신의 주변을 이루고 있는 것들을 통해 발견하기도 합니다. 할머니 서랍 속의 물건이 할머니의 삶과 함께 익어 여전히 쓸모 있음을 보여줌으로써, 할머니의 삶도 끝을 향하는 것이 아니라 삶의 연속선상에 있음을 보여주는 것처럼요. 이 책은 물건의 쓸모를 되찾아주며, 인생의 쓸모 또한 나이와 무관함을 노년의 사랑으로 보여줍니다. 지금 레미 할머니의 서랍을 열어보기 바랍니다.

함께 읽어요

노년의 사랑

사랑은 우리를 빛나게 합니다. 젊음의 시작부터 함께하는 사랑도 있고, 노년이 되어서야 찾은 사랑도 있습니다. 서서히 다가오는 이별을 준비해야 하는 애달픈 사랑도 있고, 이별 후에도 영원히 함께하는 사랑도 있습니다. 설레던 젊은 날의 사랑은 풋풋하고 몽글몽글하고, 푹 익은 노년의 사랑은 지내온 시간만큼 단단해져 익숙하고 편안합니다. 각양각색의 사랑은 우리를 때로는 눈물짓게 하고, 때로는 미소 짓게 하고, 때로는 그립게 합니다. 우리는 늙어가는 것이 아니라 익어가는 겁니다. 우리는 여전히 사랑합니다. 끝이 아니라 또 다른 시작을 위해!

『**옥춘당**』 고정순 글·그림 | 길벗어린이 | 2023

그리워 돌아보면 그 자리에 있는 노을 같은 사랑! 이 그림책은 어린 손녀의 시선으로 그려진 고자동 할아버지와 김순임 할머니 이야기입니다. 싸우기 바쁜 엄마, 아빠와 달리 늘 사이좋은 두 분이 신기한 아이는 방학 때마다 할아버지 댁에서 지냅니다. 자상한 고자동 씨는 손녀에게 만화영화 주제곡도 불러주고 봉숭아 물도 들여줍니다. 정이 많고 활달한 할아버지는 소외된 이웃마저 감싸안아 도와줍니다. 무엇보다 최고의 사랑인 할머니에게는 자상한 남편이자 유일한 친구입니다. 길을 걸을 때

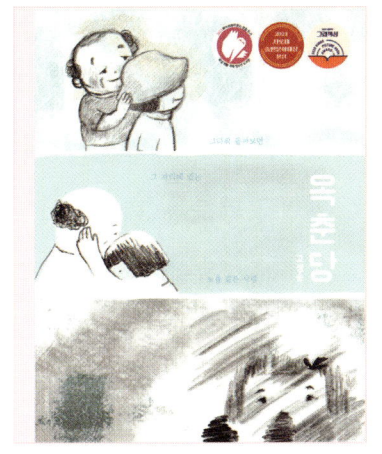

도 계단을 오를 때도 두 손을 꼭 잡고, 제사상에서 제일 예뻤던 사탕 옥춘당도 순임 씨 입에 쏘옥 넣어줍니다. 그러던 어느 날 할아버지는 폐암 말기 선고를 받게 됩니다. 자신보다 아내 걱정이 앞서지만 머지않아 곁을 떠나게 됩니다. 홀로 남은 할머니는 말도 기억도 잃어갑니다. 오직 한 사람을 기억하며 기다립니다.

작가가 유년의 기억을 담아 출간했던 만화책 『옥춘당』이 새롭고 풍성한 그림책으로 다시 태어났습니다. 빛바랜 종이 위에 절제된 색과 붉은색만을 강조한 그림은 점점 무채색으로 변하며 애틋한 시간의 흐름을 말해줍니다. 알록달록 사탕처럼 달콤하고 한편으로는 애틋한 사랑은 우리에게 그리운 추억과 함께 진한 감동을 선물합니다.

『당신과 함께』 잔디어 글·그림 | 정세경 옮김 | 다림 | 2019

영국의 길가에는 작은 기념패가 박힌 벤치가 많습니다. 기념패 위에는 이미 세상을 떠난 사람의 태어난 날과 죽은 날, 그에 대한 가족의 그리움이 새겨져 있지요. '이곳은 이 사람이 생전에 가장 좋아했던 곳일까? 가족들은 여기에 앉을 때 예전으로 돌아간 것처럼 느낄까?' 상상하던 대만의 작가 잔디어는 런던 유학 시절 경치 좋은 곳을 찾아 산책하다 이야기를 구상하게 되었다고 합니다. 책 속의 모든 풍경은 작가가 여행하고 스케치했던 곳입니다.

아침에 일어난 마리가 남편 조지를 찾아 나서며 특별한 하루는 시작됩니다. 조지

는 어디로 가는 걸까요? 마리는 그를 찾을 수 있을까요? 궁금해하며 마리의 동선을 따라가다 보면 섬세하고 부드러운 색연필로 그려진 홀랜드 파크, 자연사 박물관, 테이트 브리튼 갤러리, 바비칸 센터 식물원, 템스강 유람선, 그리니치 등등 런던의 다양한 명소를 만나게 됩니다. 마침내 벤치에서 만난 부부는 아내가 가장 좋아했던 풍경과 그녀를 추억하며 지금 이곳에 있습니다. 남편은 아내에게 말합니다. "사랑하는 마리, 평생을 함께해줘서 고맙소. 난 오늘 우리가 좋아했던 곳들을 돌아다녔소. 예전에 우리가 그랬던 것처럼 말이오. 오늘은 우리 결혼기념일이잖소. 마리, 정말 보고 싶구려."

『누가 상상이나 할까요?』

주디스 커 글·그림 | 공경희 옮김 | 웅진주니어 | 2017

"내 사랑 헨리는 하늘에서 살아요. 하지만 네 시부터 일곱 시까지는 잠시 외출할 수 있답니다. 그사이 우리가 어떤 일들을 하는지, 누가 상상이나 할까요?" 92세의 노장 주디스 커가 마주하는 이별은 조금 색다릅니다. 화사한 색감과 경쾌한 글로 세상과 천국을 잇는 환상의 세계로 우리를 초대합니다. 홍차를 기다리며 소파에 홀로 앉아 있던 할머니는 어느새 남편 헨리의 손을 잡고 하늘을 납니다. 무서운 사자와 놀고, 공룡을 타기도 하고, 숲에서 파티도 합니다. 스핑크스와 수다도 떨고 에베레스트산에 오르기도 합니다. 돌고래와 수상스키도 타고, 바다에서는 인어와 놀고, 하늘에서는 유니콘과 친구가 되죠. 생전에 하지 못한 일들을 해내며 함께 멋진 시간을 보냅니다. 때로는 가만히 앉아 행복했던 지난날을 추억하기도 합니다.

다정하고 편안한 부부의 표정과 만남을 기약하는 모습은 설렘으로 가득합니다. 다시 일상으로 돌아와 홍차를 건네받는 할머니의 입가는 밝은 미소로 화사합니다. 내일 이 시간 다시 만나자는 헨리와의 약속 때문이겠지요. 이별에 대처하는 자세를 가르쳐주듯 살면서 이별을 경험하고 겪어내고 준비하는 우리에게 위안이 됩니다. 굳건한 부부의 사랑은 죽음조차도 갈라놓지 못하고, 또 다른 시작으로 내일을 살아낼 힘을 줍니다.

『까치가 물고 간 할머니의 기억』

상드라 푸아로 셰리프 글·그림 | 문지영 옮김 | 한겨레아이들 | 2015

자동차 열쇠를 도둑 까치가 물고 가 집에 갈 길이 막막해진 에드메 할머니는 잠시 쉬기로 합니다. 나무에 앉은 새들도 보고요. 햇빛이 참 좋은 날이었거든요. 저녁으로 산 피자는 그새 잊고 다시 길을 나섭니다. 깡충깡충 뛰어봅니다. 가끔 땅바닥에 묻힌 보물창고를 찾아보기도 하면서요. 저녁이 되어서야 돌아온 할머니를 드니 할아버지는 포근히 안아줍니다. 눈을 가려도 알아볼 수 있는 아름다운 아내가 점점 자신의 곁을 떠나고 있다는 것을 알기 때문입니다. 할머니 역시 때때로 잠 못 이루며 홀로 남을 할아버지를 걱정합니다. 어느 날 할아버지는 아내에게 줄 특별한 선물을 만들기 시작합니다. 그건 바로 세상에서 제일 아름다운 드레스예요. 옷 여기저기에는 덧댄 창문들이 가득한데 그 안에는 주소와 전화번호, 동네 지도, 그리고 결혼사진과 가족 소개 등 할머니가 잊지 말아야 할 모든 정보와 추억이 있습니다. 책의 맨 뒷장 부록을 펼치면 커다란 드레스가 우리에게도 감동을 선물합니다.

　이 그림책은 프랑스 작가 상드라 푸아로 셰리프의 작품으로 9월 21일 '세계 알츠하이머의 날'을 기념해 출간했습니다. 노부부의 표정과 귀여운 대화에 아기자기한 소품과 멋스러운 배경까지 더해져 꼼꼼히 살펴보고 들여다보고 오래 기억하게 합니다.

> 삶을 담아요

그림책 작가 되기

그림책 속 인상 깊은 노부부의 모습을 따라 그려보세요.

『옥춘당』의
고자동 할아버지와
김순임 할머니

『누가 상상이나 할까요?』의
할머니와 헨리 할아버지

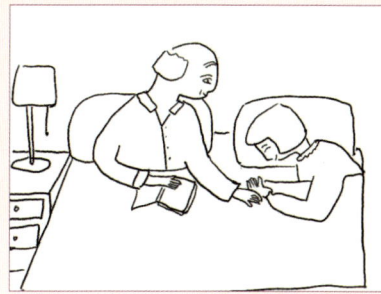

『까치가 물고 간 할머니의 기억』의
시리즈 할머니와 할아버지

『구부러진 길』

이준관 글 | 장은용 그림 | 온서재 | 2021

봄이 오는
길목에서

김정해

이준관 시인의 〈구부러진 길〉에 장은용 작가가 토속적인 풍경을 담은 그림책입니다. 이준관은 품격 높은 서정시와 삶의 성찰이 담긴 지혜의 글로 시력 50년 동안 교과서에 작품이 가장 많이 실린 작가입니다. 〈구부러진 길〉은 '광화문 글판 30주년' 기념 설문에서 나태주 시인의 〈풀꽃〉과 함께 가장 사랑받는 시 열 편 중 하나로 뽑혔지요.

"나는 구부러진 길이 좋다"라는 첫 소절과 초록 들판이 펼침면 가득 펼쳐지니 눈이 시원합니다. 멀리 보이는 집 뒤로 병풍 같은 산과 넓은 하늘 풍경을 보고 있노라면 가슴도 뻥 뚫리는 것 같습니다. '구부러진 길'에서 나비 밥그릇 같은 민들레도 만나고, 날 저물 때 울타리 너머로 "밥 먹자"고 부르는 어머니의 목소리도 들을 수 있으니 그 얼마나 정겨운가요. 이 책에서는 곧게 뻗은 고속도로에서는 만날 수 없는 구부러진 길의 정취를 두루 만날 수 있습니다. 길을 돌면 꽃과 감자를 심는 사람을 만날 수 있고, 굽이굽이 하천에 떼 지어 노는

구부러진 길에서는
곧게 뻗은 고속도로에서는
만날 수 없는 정취를
두루 만날 수 있습니다.
구부러진 길은 산과 마을을 돌며
모두를 품어 안고 갑니다.
삶의 희노애락을 굽이굽이 넘으며
살아온 사람처럼 말입니다.

물고기, 들판에 만발한 꽃들과 찬란하게 빛나는 별이 우리를 반겨줍니다. 구부러진 길은 산과 마을을 돌며 모두를 품어 안고 갑니다. 삶의 희로애락을 굽이굽이 넘으며 살아온 사람처럼 말입니다. 그들에게는 가족과 이웃을 품을 수 있는 우물과 같은 깊은 가슴이 있다고 작가는 말합니다.

어린이들은 책장을 넘기며 굽은 길을 돌아설 때 궁금했던 자연을 마주하게 되고 그 속에서 열심히 살아내고 있는 생명체를 만날 수 있습니다. 어른들은 추억의 한 장면을 떠올리며 구불구불했던 삶 속에 머무는 시간을 갖습니다. 특히 할아버지, 할머니 들은 가난하고 불편했어도 가마솥에 군불 피우며 인정이 훈훈했던 옛날을 그리게 될 것입니다.

고속도로를 달리듯 주변을 돌아볼 겨를 없이 바쁜 삶을 살아가는 사람들에게 구부러진 길을 걸으라고 하는 이 책은 궁금증을 불러일으킬 것입니다. 왜 '구부러진 길'이냐고 말입니다. 고속도로는 시간을 절약하여 목적지에 닿게 할 수는 있지만, 흙먼지 나는 울퉁불퉁한 돌길을 갈 때처럼 멈추기도 하고 주변도 살피면서 이야깃거리를 지으며 가기는 어렵습니다. 구부러진 길을 돌기 전에 앞으로 만나게 될 꽃과 나무, 작은 동물 들을 기대하며 향기로 소리로 먼저 느끼면서 가는 재미가 쏠쏠하지요. 그래서 길이 더 다채로울 수 있습니다. 사람도 구부러진 삶을 돌아서 살아온 이의 품이 넉넉하고요.

요즘 대부분의 사람들은 무한 경쟁과 속도전을 겪으며 어느 정도의 강박증을 갖고 삽니다. '구부러진 길'처럼 조금은 느리게 여유를 갖는 삶으로 걸음을 옮겨보는 건 어떨까요? 우리의 눈에 자연과 사람이 들어올 수 있도록 말입니다. 삶은 길과 같습니다. 원하는 길이 쉽게 찾아지지 않을지라도 낙심하거나 포기하지 말아야 할 것은 구부러진 길을 도는 가운데 온 산을 품고 마을을 품을 수 있는 넉넉함을 배우는 일입니다. 『구부러진 길』은 우리에게 잠시 쉬어 가기를 권합니다.

함께 읽어요

봄이 오는 길목에서 만날 친구들

봄을 느끼는 감각은 저마다 다릅니다. 농부는 들판에서, 아이들은 새싹 돋는 잔디밭에서, '책냥이'들은 봄을 노래하는 책 속에서 봄의 향기를 맡습니다. 어떻게든 길을 나서면 봄을 만나게 됩니다. 소풍 갈 때도, 할머니 댁에 갈 때도, 인생의 기로에서 발을 떼야 할 때도 만납니다. 봄은 시작이요 다짐이며 소망입니다. 자연과 추억, 그리고 나를 만나러 봄의 길목으로 떠나볼까요?

『나오니까 좋다』 김중석 글·그림 | 사계절출판사 | 2018

듬직하지만 어설픈 고릴라와 뾰족한 고슴도치의 하룻밤 캠핑 이야기입니다. 고릴라는 자기가 준비를 다 하겠다고 큰소리치며 캠핑을 가자고 설득하고, 고슴도치는 할 일이 많다며 혼자 가라고 짜증을 냅니다. 하지만 고릴라의 끈질긴 꼬임에 "이번 딱 한 번만"이라는 다짐을 받고 따라나섭니다. 집 떠나면 고생! 길도 막히고 방향은 미심쩍고 캠핑장에 제대로 도착할 수 있을지 고슴도치는 걱정스럽습니다.

길 찾기, 텐트 치기, 저녁 짓기, 모든 것이 어설픈 고릴라에게 시종일관 투덜대면서도 뒤치다꺼리를 해주는 고슴도치를 보면서 내 주변의 비슷한 친구를 떠올리게 됩니다. 온종일 옥신각신하던 이들은 우여곡절 끝에 도착한 숲에서 풀 내음을 반찬 삼아 식사하고, 밤하늘의 정취에 반하고, 새벽 숲속 친구들과 인사하고 "나오니까 좋다!"며 겅중거립니다. 특별할 것 없는 소박한 캠핑이지만 자연 속에 몸담을 때 느낄 수 있는 행복! 둘은 그렇게 행복에 젖습니다. 연필로 삐뚤빼뚤 쓴 제목과 오일파스텔로 그린 화사한 그림이 만나서 책에 더욱 생동감을 줍니다. 싱그러운 풀 내음을 뿜는 책 덕분에 창밖으로 눈을 돌리게 됩니다. 이 책은 나가기가 부담스러운 고슴도치들에게 봄날 꽃구경을 가자고 부추기는 친구가 되어줄 것입니다.

『청구회 추억』 신영복 글 | 김세현 그림 | 돌베개 | 2008

그림책은 1966년 이른 봄날 서오릉 소풍 길에서 이루어진 여섯 소년과의 우연한 만남으로 시작합니다. 안쓰러운 춘궁의 느낌이 드는 소년들과 함께 소풍을 즐기고 싶었던 신영복 교수는 "이 길이 서오릉으로 가는 길이 틀림없지?" 하고 눈높이를 맞추며 소년들의 세계에 발을 담그게 됩니다. 소풍이 끝날 무렵, 아이들은 진달래 한 묶음을 수줍게 내밀며 인사를 건넸고, 보름 뒤 교수실에 도착한 편지로 이어진 만남이 '청구회'라는 이름으로 거듭납니다. 청구회는 독서 토론과 동네 골목 청소, 미끄러운 비탈길 고치기, 남산 약수터까지 마라톤, 이화여대 학생과 육사 생도 들과 연합 봄 소풍 등으로 이어집니다.

봄 향기 같은 이들의 시간은 1968년 7월 신영복 교수가 구속되면서 맥이 끊어집니다. 당시의 정치적·사회적 상황이 이들의 모임을 의심하여 억지스러운 추궁으로 이어지고 모임의 존재 이유를 왜곡시킵니다. 신영복 교수는 청구회를 회상하고 기록하면서 "진달래처럼 화사한 서오릉으로 걸어 나오게 되는 구원의 시간이었다"라고 합니다. 절망의 시간에 써 내려간 아름답고 슬픈 이야기는 김세현 작가의 담백하고 선 굵은 그림과 어우러져 따뜻하고 아련한 감동을 주는 그림책으로 탄생하였습니다.

『리디아의 정원』 사라 스튜어트 글 | 데이비드 스몰 그림 | 이복희 옮김 | 시공주니어 | 2017

꽃을 좋아하는 소녀가 쓴 편지글 형식의 이야기입니다. 시골집에서 할머니와 부모님과 단란하게 살던 리디아는 아빠의 실업과 함께 엄마의 바느질 일감마저 끊기자 1년 남짓 제과점을 하는 도시의 삼촌 집에서 지내게 됩니다. 소녀는 낯설고 어려운 현실에서도 꽃을 심을 소망을 품고서 "가슴이 너무 떨립니다!"라며 가족에게 사랑이 담긴 편지를 씁니다. 또 짬짬이 꽃씨를 심고 가꾼 화분들로 단장한 옥상정원을 깜짝 소개하며 삼촌의 굳은 얼굴에 웃음꽃을 피우려는, 사랑이 많은 아이지요. 소녀의 마음이 가족의 시름도 덜어줄 것 같습니다. 꽃이 만발한 비밀장소에 삼촌을 초대한 리디아는 가슴이 터질 듯 기뻐합니다. 반면 조카를 위해 꽃으로 뒤덮인 케이크를 내미는 무심한 듯 속정 깊은 삼촌의 모습도 인상적입니다. 마지막 날 기차역에서 큰 덩치의 삼촌이 작고 여린 조카를 품에 안고 이별하는 장면은 코끝을 찡하게 합니다.

이 책에서는 리디아의 그림과 시, 크리스마스 선물 꽃씨 카탈로그, 할머니의 수선화 알뿌리, 씨앗 봉투 등 모두가 편지입니다. 더구나 표정도 말도 없는 삼촌의 꽃 케이크 편지는 삼촌이 천 번을 웃은 것만큼 특별합니다. 이 봄에 우리의 마음을 어떤 편지로 전해볼까요? 리디아가 우리에게 귀띔해줄 것 같습니다.

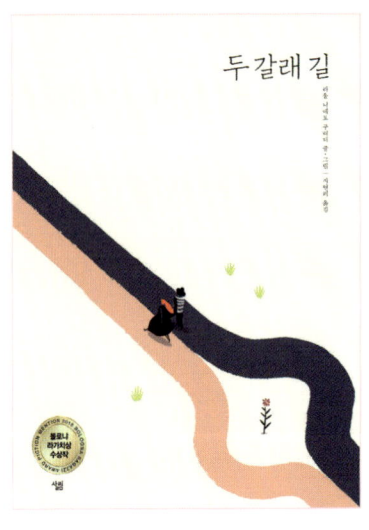

『두 갈래 길』

라울 니에토 구리디 글·그림 | 지연리 옮김 | 살림 | 2019

"지난 너의 모든 길이 아름다웠기를, 지금 걷는 이 길과 앞으로 걷게 될 길이 모두 눈부시길 바라며 _____에게"라는 문장으로 시작하는 이 책은 인생을 길에 비유합니다. 스페인 작가 라울 니에토 구리디의 작품으로 2018년 볼로냐 국제아동도서전 '라가치상' 픽션 부문에서 우수상을 받았으며, 군더더기 없는 간결한 그림과 감각적인 두 색의 대비, 시적인 글이 아름답게 어우러져 예술 작품을 보는 것 같습니다.

첫 장을 넘기면 왼쪽 면에는 붉은색 집에서 나와 길을 걷는 한 여인이 있고, 오른쪽 면에는 푸른색 집에서 나와 길을 걷는 한 남성이 있습니다. 두 사람은 왼쪽 면과 오른쪽 면으로 나뉘어 각자의 길을 걷다 우연으로 인해 나란히 길을 걷게 됩니다. 길을 나서면 누구라도 호기심과 두려움이 함께하고, 고민과 결정의 순간에 멈춰 서기도 합니다. 때로는 빨리, 때로는 느리게 가면서 어둡거나 밝은 시간을 지나기도 합니다. 장애물을 만나면 각자의 방법으로 뛰어넘으며 제 갈 길을 찾게 되고요. 모든 새로운 길은 이전의 길로부터 비롯되며 잘못 들어선 길에서 멈춰 서거나 돌아가기도 하지요. 지금 인생이라는 길을 걷고 있는 모든 이에게 앞으로 걷게 될 길이 눈부시기를 바라며 격려와 응원의 마음을 전하는 그림책입니다.

삶을 담아요

길 묘사하기

길에 관한 시나 글 가운데 인상 깊었던 부분을 써보고, 그 장면을 그림으로 그려보세요.

1. 길에 관한 시나 글귀를 적어보세요.

2. 앞서 적었던 시나 글귀의 장면을 그림으로 그려보세요.

『미장이』

이명환 글·그림 | 한솔수북 | 2020

아버지, 당신이 존재했기에 우리가 있습니다

백화현

　자전적인 '가족' 관련 그림책을 연이어 선보이고 있는 이명환 작가의 대표작입니다. 작가는 파키스탄에서 열악한 환경에 처한 아이들을 만난 후 아이들을 위해 그림책을 쓰고 그리는 작가가 되고 싶었다고 해요. 그 꿈은 2019년 첫 작품 『할아버지와 소나무』를 통해 현실이 되었고, 이듬해 발표한 『미장이』를 통해 자리매김하게 되었지요. 이 책을 통해 그는 '미장이' 아빠에 대한 자부심과 가족의 진한 유대와 사랑을 몬드리안이나 페르메이르의 그림만큼이나 멋진 장면들과 함께 생동감 있게 펼쳐 보여주고 있습니다.

　아빠는 흙손으로 회반죽을 개고 타일을 붙이는 미장이입니다. 아빠는 새벽 일찍 길을 나서고, 때로는 일을 따라 전국을 도느라 한 달씩 집에 오지 못할 때도 있습니다. 그러나 아빠는 늘 가족 곁에 있습니다. 엄마는 아주 멀리서 들리는 아빠의 오토바이 소리를 금세 알아차리고, 아이는 자기 집 목욕탕과 자주 가는 수영장 바닥에서, 또 지하도 벽면과 여러 건축물에서 아빠를 만나고

느끼지요. 이들의 유대와 사랑은 아이의 책가방, 아이들의 담요, 가족의 식탁이 모두 푸른 타일을 닮은 것에서도 알 수 있습니다. 이런 사랑에 힘입은 것일까요? 자칫 외롭고 고된 일일 수 있는 미장일을 아빠는 예술혼을 담아 행복하게 작업하는 듯하지요. 타일을 마주 잡은 두 손에는 정성이 그득하고 타일들은 꿈꾸듯 유영합니다. 그런 아빠를 응원이라도 하는 듯 열린 문을 통해 쏟아져 들어온 노란 햇살이 작업장을 환하게 비추지요. 아빠가 집에 돌아오는 날, 저 멀리 들려오는 오토바이 소리에 엄마와 아이들은 쏜살같이 달려 나가고 새들도 높이 날아오릅니다. 가족이 오순도순 둘러앉은 밥상 위에는 귀한 조기가 세 마리나 올라가 있고, 방 안은 눈이 부실 만큼 환히 빛납니다.

푸른 타일을 붙여 만든 책 표지의 제목부터 범상치 않더니, 각 장마다 이어지는 타일의 다양한 변주가 몬드리안의 추상화 못지않게 아름답습니다. 또한 빛과 어둠의 대비를 통해 더욱 도드라져 보이는 인물과 공간에는 생동하는 에너지가 가득하고, 빛의 마술사 페르메이르의 그림들을 보고 있는 듯 신비롭지요. '사랑'이라는 말을 쓰고 있지 않음에도 사랑의 힘과 신비가 느껴집니다.

아빠의 가족에 대한 헌신적인 사랑과 그런 아빠에 대한 가족의 절대적인 지지와 사랑을 빛으로 가득 찬 그림들과 함께 보여주는 이 책을 많은 이에게 권하고 싶습니다. 누군가에게는 되레 통한일 수도 있겠지만, 사랑받고 사랑했던 순간을 떠올리는 것만으로도 위로가 되고 새로운 힘이 되지 않을까 싶습니다. 평생을 갈구하며 찾아 헤매는 파랑새, 그것은 사랑, 어수룩하지만 절대적인 가족 간의 그런 사랑 안에 있지 않을는지요.

함께 읽어요

이명환의 '가족' 연작 모아 읽기

책을 읽는 방법은 다양합니다. 여러 책을 훑으며 자신이 좋아하는 부분만 골라 읽기도 하고, 한 권을 처음부터 끝까지 찬찬히 정독하기도 합니다. 또 어떨 땐 비슷한 종류의 책들을 함께 엮어 읽기도 하고, 한 주제나 한 작가의 작품을 모아 집중적으로 읽기도 하지요.

2019년 그림책 작가로 등단한 이명환은 가족을 소재로 한 그림책을 연달아 발표하고 있습니다. 이를 한 번에 다 읽기는 어려울 테니 먼저 『미장이』 못지않게 감동적인 그의 데뷔작 『할아버지와 소나무』를 비롯하여 『경옥』, 『사랑하는 당신』, 『가족』을 모아 읽으며 한 작가와 한 주제를 동시에 깊이 들여다봐도 좋을 것 같습니다.

『할아버지와 소나무』 이명환 글·그림 | 계수나무 | 2019

2019년에 선보인 그의 첫 번째 그림책으로, 서먹했던 할아버지와 손녀의 관계가 소나무 그림을 매개로 친밀해지는 과정이 담겨 있습니다. 넉넉한 여백과 굵직하면서도 다정한 선들, 파랑 원피스를 입은 사랑스러운 캐릭터가 눈

길을 사로잡습니다.

시골에 사는 할아버지가 집에 오셨는데 솜이는 호랑이를 닮은 할아버지가 무섭기만 해요. 하지만 같이 놀 사람이 없어 '냥이'를 핑계 삼아 할아버지 곁으로 살금살금 다가가지요. 그러고는 할아버지에게 소나무 그림을 그려달라고 합니다. 할아버지는 흐뭇해하며 구부정하고 골골이 주름진 소나무를 쓱쓱 그려가고, 솜이도 곁에서 할아버지를 따라 소나무를 쓱싹쓱싹 그리지요. 멋진 소나무가 완성된 순간, 솜이는 할아버지가 무서운 호랑이가 아니라 늠름하고 멋진 소나무를 닮았다는 걸 발견하고는 엄마, 아빠에게 달려가 그 사실을 알려줍니다.

천진한 솜이로 인해 웃음이 나오는 사랑스러운 책입니다. 솜이의 심리를 어두운 베이지색과 하얀색의 크기와 변화를 통해 드러내는 작가의 감각이 그림책의 묘미를 한껏 살려주지요. 이리도 귀여운 손주를 애먹이지 않고 사랑을 전하려면 어찌해야 할지, 조부모의 마음을 분주케 할 듯싶습니다.

『경옥』 이명환 글·그림 | 한솔수북 | 2022

작가의 엄마 이야기입니다. 엄마에게 껌딱지처럼 붙어 다녔던 둘째 아들인 작가는 고등학생 때 엄마를 암으로 잃었지만, 지금도 엄마를 마음에서 떠나보내지 못했다고 합니다.

어린 시절 조금은 엉뚱하고 당찬 소녀였던 경옥은 '서울의 보석'이라는 자신의 이름을 따라 보따리 하나를 끌어안은 채 서울로 올라

옵니다. 서울에 오면 돈도 많이 벌고 멋진 삶을 살 수 있으리라 믿었던 게지요. 그러나 당시 가난했던 여느 소녀들처럼 경옥 역시 공장의 미싱사가 되어 밤낮없이 일해도 가난을 면하기 어려웠습니다. 그러다 미장이 아빠를 만나 단란한 삶을 사는가 싶더니 큰 병을 얻어 세상을 떠나고 말지요.

이명환 작가 엄마만의 이야기가 아닌 듯합니다. 이름도 없이 '공순이', '공돌이'라 불렸던 노동자들의 피땀과 희생 덕에 현재의 대한민국이 있는 거겠지요. 그렇기에 엄마에게, 그 노동자에게 당당히 이름을 붙여주고 싶었나 봅니다.『경옥』. 쉬이 지지만 겨울을 뚫고 피어나 세상을 화사하게 물들이는 벚꽃잎처럼 존재만으로도 꽃이었던 수많은 경옥님들께 바치는 헌사, 가슴 시리도록 애틋하고 아름답습니다.

『사랑하는 당신』 고은경 글 | 이명환 그림 | 곰세마리 | 2020

고은경 작가가 글을 쓰고 이명환 작가가 그림을 그린 작품입니다. 사랑하는 아내를 먼저 떠나보낸 후에도 일상을 변함없이 살아내야 하는 할아버지의 하루가 천천히 전개됩니다.

아내가 남겨놓고 간 조리법대로 요리해보지만 그 맛이 나지 않습니다. 일흔이 넘어서야 집안일을 하려니 실수도 잦고요. 집을 나설 때면 빈방에 혼자 남겨진 사진 속 아내가 안쓰러워 곧 돌아와 많은 얘기를 들려주겠노라고 혼잣말합니다. 아내의 마지막 삶을 지켜준 호스피스 병동 곳곳에는 그녀의 온기가 스며 있어 그리움이 짙어집니다. 한 달에 한 번씩 만나는 사별 가족 모임은 큰 위로이지요. 그러나 불 꺼진 집에 들어서자면 마음이 무너집니다. 그만 사랑하는 아내 곁으로 가고 싶어집니다. 그러나 남은 이는 남겨진 이유가 있는 거겠지요. 자녀와 통화를 하며 마음을 다잡습니다. 아내처럼 부지런히 사랑하며 살겠노라고 다짐합니다.

그리움과 외로움을 애써 견디는 할아버지의 마음이 고스란히 느껴져 가슴이 시큰해집니다. 위로하고 다독이는 듯한 동글동글한 선과 노랑과 파랑, 초록의 밝은 색조가 아니었더라면 할아버지도, 독자도 마음이 무너져 내렸을 성싶습니다. 할머니의 흔적과 사랑을 상징하는 노란 면이 점점 커져 뒷면지 전체를 물들이고 있음을 발견하고는 가슴을 쓸어내립니다. 너무 늦기 전에, 더 자주 가족의 안부를 물어야 할 듯싶습니다.

『가족』 이명환 글·그림 | 쉼 | 2020

진정한 가족의 의미를 묻는 이명환 작가의 글 없는 그림책입니다. 흑연의 연필 스케치로 이루어진 100여 쪽의 본문에 글은 다섯 문장뿐, 그림으로 이야기를 풀어갑니다.

내용은 총 4부로, 1부는 생명의 요정인 새들의 실수로 거인 아기가 벌나라에 떨어지지만 그들의 사랑과 보살핌 속에서 훌륭한 건축가로 성장하는 이야기입니다. 그러나 거인 아이는 외모가 다른 벌나라 요정들을 등진 채 자신의 진짜 가족을 찾아 떠나며 2부가 시작되지요. 거인 아이가 도착한 곳은 무당벌레들이 사는 겨울 왕국. 그는 눈사태에서 그들을 구해주기도 하고 그들에게 이글루 집도 만들어줍니다. 그의 뛰어난 건축 솜씨는 나비 왕국에도 소문이 나 3부에서는 여왕에게 초대받은 거인이 꽃향기 가득한 멋진 성을 짓습니다. 여왕은 그 보답으로 세상을 자유로이 여행할 수 있는 통행권을 주고, 4부에서는 거인이 가족을 찾아 떠돌며 오랜 세월을 보낸 끝에 진정한 가족이야말로 자신을 조건 없이 돌보고 사랑해준 벌나라 요정들임을 깨닫고 귀향합니다. 파파노인이 된 그의 양부모님은 커다란 집을 지어놓고 그를 기다리고 있었지요.

"기다렸어." 그들이 내뱉은 한 마디가 오래도록 가슴을 울립니다. 단순한 색과 선, 몇 마디 문장으로 이처럼 풍요로운 서사와 감동을 그려내는 작가가 놀랍기만 합니다.

┌─ 삶을 담아요

가족과 해보고 싶은 일 적기

가족은 가깝고 허물없는 존재이기에 되레 잘 챙기지 못할 때가 많습니다. 늘 곁에 머물 것 같지만 언젠가는 이들과도 작별해야 합니다. 곁에 있을 때 가족과 함께하고 싶은 일이 있나요? 그 소망을 적어보세요.

1.

2.

3.

4.

5.

2장

초록초록한
여름,
여름날 한때

『핫 도그』

더그 살라티 글·그림 | 신형건 옮김 | 보물창고 | 2023

바다가 건네는
쉼표

변영이

'바다' 하면 가장 먼저 떠오르는 단어는 '푸르름'이 아닐까 싶습니다. 푸르름이라는 단어가 품고 있는 기준이나 의미는 저마다 다를 듯한데요. 이 그림책은 바다 고유의 푸르른 빛깔과 질감을 절묘하게 그려내며 느낌표와 물음표로 가득한 일상에 쉼표 한 조각을 살포시 남깁니다.

무더운 대도시의 여름날, 파란 안경을 끼고 손에 짐을 잔뜩 든 할머니와 노란 목줄을 한 강아지가 길을 나서는데요. 할머니가 우체국, 세탁소, 안경점에서 볼일을 처리하는 동안 강아지는 콘크리트 바닥의 열기를 느끼며 점점 지쳐갑니다. 뜨거운 콘크리트 바닥에서는 냄새를 맡을 수도 앉을 수도 없으니까요. 거기에 높은 소음과 많은 사람이 포개지니 더는 참을 수 없었나 봅니다. 횡단보도를 건너다 반항심이 가득한 눈빛을 하고, 더 이상 움직이지 않겠다는 의지를 표현하네요. 그제야 할머니는 자세를 낮추고 강아지와 눈을 마주합니다. 할머니 품에 안긴 강아지가 노란 택시와 회색빛 기차와 하얀 배를 옮겨 가며 더디

© 더그 살라티, 보물창고

던 시간은 빠르게 흘러갑니다.

　마침내 도착한 곳은 한적한 섬, 바다가 전하는 풍경과 냄새와 빛깔이 확연히 달라졌네요. 강아지는 목줄을 풀고 마음껏 자유를 누리고, 할머니도 겉옷과 신발을 벗고 파란 파라솔 그늘에서 쉽니다. 모래밭에서 발견한 돌멩이를 입에 물고 할머니에게 하나씩 전달하다 보니 자그마한 탑이 될 정도로 쌓였네요. 할머니는 그 돌을 가지고 모래밭에 강아지 그림을 만들어보기도 합니다.

　파랗던 하늘이 붉게 물들 만큼 시간이 흘러버렸네요. 할머니는 강아지가 모아놓은 돌조각을 가방에 소중히 챙겨 넣고 집으로 출발합니다. 달이 떠오르고 더위가 식은 빌딩 숲으로 돌아온 둘의 표정이 편안합니다. 과일과 빵을 사는 할머니 곁에서 바람을 즐기고 냄새를 맡을 수 있는 여유도 있고요. 깊은 잠에 빠진 할머니 곁 창가에 총총히 놓여 있는 돌멩이가 바다의 흔적을 담고 반짝거립니다. 그렇게 둘만의 멋진 날이 마무리되었습니다.

　이 그림책은 2023년 '칼데콧 대상'을 수상한 작품으로 뉴욕공공도서관에서 '올해 최고의 책'으로 선정되었으며, 그해 '에즈라 잭 키츠상'도 수상했습니다. 작가는 바다가 지닌 빛깔과 질감을 들추어내며 자연이 주는 넉넉함과 따스한 빛의 손길을 자신만의 시각으로 재해석하고 있습니다. 우리를 둘러싼 다양한 환경과 풍경을 감성적이고 섬세한 눈으로 돌아보게 하네요.

　바다에 반응하는 마음속 떨림과 울림을 고스란히 느끼며 따라가다 보니 그림책 주인공처럼 길을 나서고 싶어집니다. 할머니와 강아지가 바다로 향하는 여정처럼 자연을 만난다는 기대감으로 두근거릴 것 같아요. 바다가 그리울 때 살포시 꺼내어 읽고 싶은 그림책입니다. 어린 시절 소풍날 발견한 보물을 마주한 듯이…….

함께 읽어요

지금 여기 푸른 바다

푹푹 찌는 한여름, 햇살로 달구어진 여름이 버거울 때도 있습니다. 하지만 우리에게는 쉼표의 상징, 푸르고 시원한 바다가 있어요. 탁 트인 하늘, 넓은 모래밭, 짭조름한 바람을 만나기 위해 푸른 바다로 향하는 과정은 생각지도 못한 풍경의 발견이며 모험의 시작이기도 하지요. 바다를 품은 그림책과 함께 '북캉스'를 떠나보는 건 어떨까요?

『엄마는 바다가 좋아』

정혜경 글·그림 | 한울림어린이 | 2022

책을 펼치면 곱슬머리에 짙은 핑크색 수영복을 입고 파란 바닷물에 동동 떠 있는 주인공이 보입니다. 물속에서 첨벙거리는 모습에 눈도 기분도 시원해지는데요. 바다와 모래밭에서 어찌나 부산스러운지 아이처럼 군다는 딸의 타박을 받습니다. "엄마는 바다가 그렇게 좋아? 뭐가 그리 좋은데?" 딸의 질문에 그 이유를 떠올려봅니다. 포근하게 감싸주는 엄마와 아빠, 가끔은 투덕거리기도 하는 언니와 함께 있는 나. 엄마가 아니라 '숙이'라고 불리던 시절인데요. 과거 속 바다에서 울고 웃던 다양한 추억은 잔잔한 감동을 전해주고, 흑백으로 그려진 어린 시절은 현재의 화려한 색감과 대비되어 진한 아련함으로 남습니다. 과거와 현재의 모습이 각각 담긴 앞표지와 뒤표지를 넘나들다 보면 시간 여행을 다녀온 듯한데요. "바다는 따뜻한 기억이 머무는 곳"이라고 말하는 작가는 파란 색채로 다양한 결의 바다를 그려내고 있어요. 그립고도 반가운 추억을 담고 있어서일까요? 그림책 속 이야기가 좀 더 친밀하게 다가오는데요. 책을 덮을 때쯤엔 잠시 잊었던 기억의 흔적을 되새겨보아도 좋겠습니다.

『빛이 사라지기 전에』

박혜미 글·그림 | 오후의소묘 | 2021

독립출판물 『동경』을 독자 북펀드를 통해 새롭게 만든 그림책입니다. 표지의 파란 바닷물에 내리쬐는 햇살이 사선으로 반짝거려서 눈부실 정도인데요. 노란 서핑보드를 들고 발목에 생명선을 길게 연결한 서퍼가 보이네요. 가로로 길쭉한 그림책 형태로 서퍼의 파도타기 풍경이 실감 나고도 역동적으로 느껴지는데요. 카메라의 줌인 기능을 켜둔 것처럼 펼침면을 가득 채우기도 하고, 프레임을 활용하여 클로즈업을 한 것 같기도 한 특별함이 있습니다. 파란 바다로 나아가거나 어렵사리 균형을 잡고 다시금 해안가를 향해 서핑하는 모습을 바라보며 자연스레 응원하게 되네요. 마음이 담긴 관찰의 힘일까요? 서퍼의 손짓이나 발짓이 세심하게 그려졌습니다. "빛 사이사이를 통과한다." 조금은 낯설어 보였던 파도타기에 저런 매력이 숨어 있나 봅니다. 손가락 끝에서 햇빛 냄새가 날 정도로 서핑을 하다 보니 비로소 주위에 함께하고 있는 많은 사람이 보이네요. 바다의 햇빛과 윤슬, 포말을 작가만의 독특한 감성으로 그려낸 『빛이 사라지기 전에』는 청량감과 시원함까지 선사합니다.

『파도가 차르르』

맷 마이어스 글·그림 | 김지은 옮김 | 창비 | 2020

표지의 쪼그려 앉은 아이가 모래 놀이를 합니다. 넘실대는 파도, 흩날리는 머리카락이 생동감 있게 그려져 바닷바람이 오롯이 느껴지는데요. 해변가에 오고 가던 사람들이 말을 건네는데 제각각 다른 상황과 반응을 보이네요. 어른들과 제이미를 찬찬히 살펴보는 재미도 있어요. 제이미는 바다가 여러 가지 이야기를 들려주지만, 아무것도 묻지 않아서 좋다고 합니다. "제이미가 흠흠흠, 노래를 부르면 파도가 다가와요. 차르르르르." 아무것도 묻지 않는 할머니의 등장, 아이가 도리어 질문을 하는 모습이 대비되어 그려집니다. 바다를 바라보며 모래 놀이를 하는 아이, 할머니는 그림 그리기가 한창인데요. 제이미와 바다와 할머니가 친구가 된 순간, 햇살에 그대로 드러난 아이의 눈은 마냥 즐겁고 할머니 얼굴의 주름은 매력적이네요. 이 그림책은 모든 예술가의 상상력을 지지하는 마음을 담은 작가의 첫 작품이라고 합니다. 바다의 아름다움은 예술적 영감을 불러일으키는 소재로 충분해 보이는데요. 온 가족이 함께 읽으면 더 좋은 그림책, 바다를 배경으로 한 작품이 궁금하다면 펼쳐 보기를 권합니다.

『**파도는 나에게**』 하수정 글·그림 | 웅진주니어 | 2019

바다로 달려간 듯한 느낌을 주는 그림책입니다. 마음이 확 트이네요. 표지의 잔잔한 물결이 넘실대는 바다가 부드럽게 다가오는데, 모래밭에 발을 담그고 싶은 아쉬움으로 손을 가만히 올려놓게 됩니다. 책장을 위로 넘기는 형태로 깊이나 높이감을 강조하면서 특별함을 맛보게 합니다. 다채로운 자연의 풍경을 부드러운 색연필 질감으로 세심하게 채워 넣었어요. 밀물과 썰물 사이에 부서지는 파도 소리가 고스란히 담긴 듯한 장면에서는 감탄하게 됩니다. 길이가 다른 트레이싱페이퍼에 인쇄하여 층층이 바닷물이 밀려오는 느낌을 담뿍 담아내고 있는데요. 종이의 한계를 극복하기 위한 작가의 노력이 돋보입니다. 그리고 파도가 지나간 자리에 깜짝 선물이 등장합니다. "파도는 너에게 어떤 이야기를 들려주었니?"라는 질문을 던지면서요. 책의 마무리를 독자의 몫으로 남겨둔 센스도 돋보입니다. 파도를 책갈피 삼아 기분 좋아지는 날씨 같은 책을 만들고 싶다는 하수정 작가의 바람처럼 밝은 에너지를 얻게 되는 그림책인데요. "밀려오는 파도가 한 겹 한 겹 마음을 씻어주었습니다"라는 작가의 후기가 잔잔한 여운을 전합니다.

삶을 담아요

'바다' 연관어 쓰기

『파도는 나에게』는 바다의 매력을 전달하는 그림책입니다. '바다' 하면 생각나는 말을 적어보세요. 낙서하듯 편하게 하면 됩니다.

2장_ 초록초록한 여름, 여름날 한때

『세상에서 가장 아름다운, 집으로 가는 길』
데이브 에거스 글 | 앤젤 창 그림 | 상수리 | 2020

진정한 아름다움을 찾아 떠나는 여행

오현아

살굿빛이 깃든 어둡고 깊은 협곡 아래 노란 의자를 옆에 두고 거친 바위에 기대어 앉은 하얀 호랑이가 하늘 어딘가를 바라보며 웃고 있습니다. 드디어 길을 찾은 걸까요?

하얀 호랑이는 날이 밝자 노란 의자를 둘러메고 협곡을 건너 계곡을 오릅니다. 북극과 남극을 오가며 지구상에서 가장 먼 거리를 옮겨 다니는 북극 제비갈매기, 초원에서 하얀 호랑이는 머리 위를 나는 북극 제비갈매기를 만납니다. 북극 제비갈매기가 나는 길을 따라 노란 의자를 둘러멘 하얀 호랑이는 협곡을 지나고, 모래 언덕을 넘고, 클라우드 포레스트를 빠져나와 부지런히 어딘가로 향합니다. 초원과 협곡, 계곡과 평야, 사구와 오아시스, 고원과 황무지, 툰드라와 빙하······.

하얀 호랑이는 왜 노란 의자를 둘러메고 함께 다니는 걸까요? 아름다운 풍경을 보면서 쉬어갈 때 의자에 앉을 만도 한데, 하얀 호랑이는 노란 의자를 등

하얀 호랑이와 닮은 호랑이들은

노란 식탁에 맛있는 음식을 차려놓고,

하얀 호랑이의 의자와 똑같이 생긴 노란 의자에 앉아

하얀 호랑이를 반깁니다.

노란 의자를 둘러메고 야생의 곳곳을 누비던

하얀 호랑이가 향한 곳은

가족이 있는 그의 집이었네요.

에서 잠시 내려두기만 할 뿐 그 위에 앉지 않거든요. 하얀 호랑이는 세상 이곳저곳을 돌고 돌아 가족이 있는 타이가(북반구 지역의 침엽수림 지대)에 도착합니다. 하얀 호랑이와 닮은 호랑이들은 노란 식탁에 맛있는 음식을 차려놓고, 그의 노란 의자와 똑같이 생긴 의자에 앉아 하얀 호랑이를 반겨줍니다. 노란 의자를 둘러메고 야생의 곳곳을 누비던 하얀 호랑이가 향한 곳은 가족이 있는 그의 집, 진짜 소중한 집, 타이가였네요.

『세상에서 가장 아름다운, 집으로 가는 길』은 야생을 누비는 하얀 호랑이와 함께 진짜 소중한 것을 찾아가는 그림책입니다. 불가사의한 장소들에 대한 호기심이 많았던 미국의 베스트셀러 작가 데이브 에거스가 기획한 그림으로만 이루어진 그림책으로, 앤젤 창 작가가 그림을 그렸습니다.

앤젤 창 작가는 생동감 있는 야생의 자연을 강렬하고 과감한 색과 거친 붓터치로 표현하였는데, 특히 산 정상에서 하얀 호랑이가 바라보는 일몰 장면은 4면으로 넓게 펼쳐지며 숨 막힐 듯한 대자연의 경치를 보여줍니다. 이외에도 하얀 호랑이의 눈에 가득 담긴 사막의 오아시스, 툰드라에서 마주한 오로라, 빙하와 협곡, 피오르의 거친 질감과 쨍한 빛의 색감은 도저히 눈을 뗄 수 없게 하지요.

작가는 벅차오르는 대자연의 순간을 그림으로 담아 하얀 호랑이를 통해 바라볼 수 있기를 바랐다고 해요. 각각의 장마다 그려진 장소에 대한 이름과 짤막한 설명은 책의 맨 뒤쪽에 별도로 표기되어 있어 설명 부분을 읽고 나면 다시 앞 장면으로 돌아가 눈에 담게 됩니다.

묵묵히 어디론가 향하는 하얀 호랑이의 여정을 따라가다 보면, 대자연의 장엄함과 신비로 아름다움을 느끼기도 하고, 때로는 서늘함과 고요함으로 외로움이 느껴지기도 할 거예요. 자! 세상에서 가장 아름다운 게 무엇인지 다시 한 번 찾으러 떠나볼까요?

> 함께 읽어요

또 다른 세상과의 만남, 여행

일상이 지루하고 모든 것이 심드렁할 무렵 어딘가로 떠나고 싶기도 합니다. 무심코 지나치던 익숙한 것들이 마법처럼 달리 보이는 여행, 매일 뜨는 해도, 해 질 녘 하늘도, 구름도, 나무도, 지나가는 사람도……. 여행은 익숙한 것을 낯설게 보게 하는 힘이 있으니까요. 여행은 계획하는 것만으로도 설레고 들떠서 생활의 활력이 되기도 합니다. 지금이야 여건이 되고 마음만 먹으면 어디든 갈 수 있지만, 얼마 전만 해도 세계적인 팬데믹으로 쉽게 떠날 수 없었잖아요. 몇십 년 전에는 국외로 나가는 비행기를 타는 것도 얼마나 어려웠나요. 그러고 보니 또 다른 세상과의 만남인 여행도 시대에 따라 상황에 따라 다를 수 있겠다는 생각이 드네요. 각기 다른 여행에 대한 그림책을 찾아 소개합니다.

『이탈리아 기행』 요한 볼프강 폰 괴테 원작 | 김재홍 글 | 한지영 그림 | 고래의숲 | 2022

독일 고전주의를 대표하는 요한 볼프강 폰 괴테는 1774년 『젊은 베르테르의 슬픔』으로 작가로서 이름을 떨쳤고, 그 후 10여 년은 행정가로도 많은 성과를 거두었지요. 하지만 여러 해에 걸친 국정 수행과 중압감으로 지친 그는 1786년 9월 3일 새벽 3시, 아무도 모르게 자신을 찾아 떠나는 여행을 단행합니다. 약 20개월가량 베로나, 베네치아, 로마, 나폴리, 시칠리아를 여행하면서 그는 독일의 지인들에게 보낸

편지와 이탈리아의 예술과 역사, 식물과 풍광, 사람들의 모습을 관찰하고 기록한 수많은 일기와 보고를 남기게 되었고, 그 후 『이탈리아 기행』으로 엮어냅니다.

"내가 이 놀라운 여행을 하는 목적은 나 자신을 속이기 위해서가 아니라 많은 것을 보고 겪고 느끼면서 참다운 나 자신과 마주하기 위해서였다." 그림책 『이탈리아 기행』은 명작의 글을 살리면서 관광객으로 넘쳐나는 관광 명승지 이탈리아가 아닌, 괴테가 여행하던 그 시절의 따뜻하고 아름다운 풍경 속으로 독자들을 데려갑니다. 이 책은 유럽 문명과 예술의 원천을 찾아 이탈리아를 여행하는 괴테의 시선을 따라갑니다. 그리고 자연과 인간, 예술을 통해 정신적 위기를 극복하고 작품의 영감을 채울 수 있었던 괴테의 심상을 느낄 수 있게 합니다. 그가 자기 자신을 찾아 떠났던 여행을 말입니다.

『어떻게 여행 가방에 고래를 넣을까』 라울 니에토 구리디 글·그림 | 김정하 옮김 | 주니어김영사 | 2022

한 아이가 커다란 고래를 두 손으로 받쳐 들고 있어요. 그리고 그 아이의 발치에는 작은 여행 가방이 놓여 있고요. 아이는 아주 긴 여행을 떠나야 한다고 말합니다. 사랑하는 고래만은 가방에 넣어서 데려가고 싶어 하지요. 아이는 어떻게 여행 가방 안에 고래를 넣을 수 있을까요? 아이는 왜 고래를 여행 가방에 넣으려고 하는 걸까요? 고래가 무엇이길래 다른 걸 다 두고 가방에 담아 가려는 걸까요?

작가 구리디는 단순하고 절제된 그만의 선 굵은 그림으로 이야기에 상징성과 무게감을 더합니다. 붉은색의 커다란 고래와 톤을 낮춘 푸른색의 작은 아이가 색의 대비를 이루며 이야기의 집중도를 한층 끌어올리지요. 작가의 기발한 발상으로 고래는 작은 여행 가방에 들어갑니다. 아이가 어떻게 그 작은 여행 가방에 고래를 넣을 수 있었는지 그림책에서 확인하길 바랍니다.

이 책의 마지막 장에 있는 아이와 사람들처럼 어느 날 갑자기 저마다 가방을 들고 어디로 가야 하는지도 모르는 채로, 살다 보면 어쩔 수 없이 떠나야 하는 여행도 있습니다.

『이 길』

우치다 린타로 글 | 다카스 가즈미 그림 | 명정화 옮김 | 책빛 | 2018

기차를 타고 할머니 집으로 가는 길, 8월의 여름날 풍경 속에서 수없이 많은 길이 보이지만 하나의 '이 길'을 찾아가는 소년의 기차 여행을 잔잔한 톤으로 보여줍니다. 기차 밖의 여러 아름다운 풍경 속 길을 보고 그 너머를 상상하며 소년은 기차 여행을 즐깁니다. 목적지 역에 도착한 소년은 기차에서 내린 후 할머니 집으로 곧장 걸어갑니다. 길 끝에는 "아이고, 내 강아지!" 하며 반겨주시는 소년의 할머니가 있으니까요.

글 작가 우치다 린타로는 자신이 태어난 시골 할머니 집에서 여름방학을 보냈던 어린 시절 경험을 글로 적었고, 그림 작가 다카스 가즈미는 그만의 부드럽고 따뜻한 파스텔 기법으로 여름날의 녹음과 푸근한 시골길 풍경을 담아 아득한 꿈결처럼 작가의 추억을 그림으로 담아내었습니다.

생각만 해도 기분 좋아지는 길, 지치고 힘들 때 찾아가고 싶은 길, 자꾸자꾸 걷고 싶은 그곳이 당신의 '이 길' 아닐까요? 길은 수없이 많지만 언제나 가고 싶은 길, 생각만 해도 그때로 돌아갈 것 같은 나만의 소중한 길을 찾아보길 바랍니다.

『풍경편지』 이채린 글 | 김규희 그림 | 옐로스톤 | 2022

한 소년이 보고 싶은 할머니께 편지를 쓰는 장면으로 이야기가 시작됩니다. 가족과 함께 구름 섬을 건너 미국으로 간 소년은 모든 게 낯설었지만 "정이 든 곳이 고향이다"라는 할머니의 말씀처럼 이국의 낯선 풍경들도 점점 익숙해지면서 시간이 지날수록 좋아하게 됩니다. 소년은 새로운 집에서 학교에 다니고, 친구를 사귀고, 가족과 함께 여행을 다닙니다. 그러다가 소년은 하늘에 고운 노을빛이 물들면 노을 위로 보고 싶은 할머니의 얼굴을 떠올립니다. 그리고 멀리 계신 할머니께 소년이 본 경이롭고 아름다운 풍경을 전하려고 엄마가 그린 풍경화에 할머니를 향한 그리움을 담아 다정한 말들로 편지를 씁니다.

이 책의 그림은 여행지에서 만나는 엽서처럼 한 장면 한 장면 모두 아름다운 풍경화입니다. 그림을 그린 김규희 작가는 2년간 미국에 살면서 풍경화를 그렸고, 작가의 실제 경험을 바탕으로 한 이야기를 이채린 작가가 그림에 입혔다지요. 그래서인지 그림책 『풍경편지』는 책장을 넘길 때마다 여행에서의 아름다운 기억과 풍경, 그리고 기억 속에 잠들어 있던 소중한 사람을 마음으로 불러옵니다.

삶을 담아요

여행 초대장 만들기

특별히 기억에 남았던 여행을 떠올려보세요. 다시 가보고 싶은 그곳에 누구와 가고 싶나요? 함께 가고 싶은 사람에게 보낼 여행 초대장을 만들어보세요.

초대합니다!

현아에게

지난여름, 서해안 바닷가에서
보았던 노을은 모든 고민을
잊게 할 만큼 아름다웠어.
지금 너에게도 그날의 그 노을을
보여주고 싶어.
바쁜 나날이지만, 시간을 내어
함께할 수 있을까?

시간 **2024년 8월 3~4일**
장소 **서해안 바닷가**

『할아버지의 감나무』

서진선 글·그림 | 평화를품은책 | 2019

누가 죄인인가

김명희

곱게 물든 가을 숲길을 걷는 할아버지의 뒷짐 진 손에는 탐스러운 감 하나가 쥐어 있습니다. 할아버지를 따라나선 손자의 뺨도 홍시 빛깔을 닮아 발그레합니다. 얼굴 가득 미소를 머금고 손자를 돌아다보는 할아버지의 행복한 얼굴이 어찌나 따뜻하고 푸근한지 절로 따라 웃게 되는 표지 그림입니다. 그림책을 처음 만났을 때는 손자와 할아버지의 '감'에 얽힌 추억담이려니 지레짐작하지만, 이어지는 내용은 뜻밖에도 참혹한 전쟁 이야기입니다.

눈이 펑펑 쏟아지는 날, 할아버지가 돌아가셨다는 소식을 들은 엄마는 아이를 안고 한참을 웁니다. 매일 새벽에 일어나 일기를 쓰신 뒤 감나무 산에 올라가셨던 할아버지가 정성껏 돌보시는 감나무에는 특이하게도 이름표가 걸려 있습니다.

감이 빨갛게 익어가던 가을날, 손자는 초등학교 입학 선물로 가방을 사 주시겠다는 할아버지의 오토바이를 타고 문구점에 갑니다. 손자가 커다란 장난

우리 자손들은 총을 들고 싸우지 않기를

다시는 전쟁의 고통이 되풀이되지 않기를

간절히 바라셨을 아버지의 영전에

이 책을 바친다는 작가의 헌사 앞에

숙연해집니다.

감 총을 할아버지 가슴에 대고 "손 들어!"라고 하자 할아버지는 소스라치게 놀라며 총을 치우라고 무섭게 혼을 내십니다. 그날 저녁 할아버지는 밥도 안 드시고 주무셨지요. 몸을 한껏 웅크리고 잠든 할아버지가 밤새 악몽에 시달리는 장면은 온통 칠흑 같은 어둠 속에 총부리를 겨누고 있는 자들과 죽어간 혼령들이 얽혀 있어 보는 이의 가슴도 무겁게 짓눌립니다.

감나무 산에 묻히고 싶다고, 유언처럼 남긴 평소의 말씀처럼 감나무 산에 묻힌 할아버지의 무덤에 눈이 다시 내립니다. 유품을 정리하면서 발견한 할아버지의 일기장에는 한국전쟁 당시 참전하여 적군 수색 작전 중 어른 북한 군복을 입은 소년에게 방아쇠를 당긴 사건이 기록되어 있습니다. 소년의 이름은 김의수. 손에는 먹다 남은 '감'이 쥐여 있었다지요. 한 해가 저물어가도록 끝나지 않는 전쟁 속에서 할아버지는 참회록과도 같은 일기를 씁니다. "어머니, 저도 사람을 많이 죽였습니다. 누구에게 어떻게 용서를 구해야 할지 모르겠습니다./ 괴롭고 힘든 제 마음을 어머니는 알아주시겠지요. 어머니……."

한국전쟁이 멈춘 지 70여 년의 세월이 흘렀습니다. 3년간의 전쟁은 무수한 인명 피해와 참상을 남긴 채 침묵의 비무장지대DMZ만이 경계를 지킵니다. 유유히 흐르는 역사의 물결 속에 전쟁은 과거의 기록 한 줄로 남을지 모르지만, 그로 인해 겪은 개개인의 상처는 평생 안고 가야 할 죄업罪業이 되어 무덤까지 따라갑니다. "누가 죄인인가?" 가슴에 새겨진 고뇌와 죄책감을 어쩌지 못해 감나무에 달린 이름표 앞에 평생 무릎 꿇었을 할아버지는 곧 우리들의 할아버지, 아버지 들의 슬픈 자화상이 아닐까요?

　서진선 작가는 그림책 작업을 하는 내내 아버지를 생각했다고 합니다. 육군사관학교를 졸업하고 한국전쟁에 참전했던 아버지, 군대에서 나와 영암 산골에 들어가 감나무를 심고 가꾸셨던 아버지의 마음을 헤아리며 만든 그림책입니다. 우리 자손들은 총을 들고 싸우지 않기를, 다시는 전쟁의 고통이 되풀이되지 않기를 간절히 바라셨을 아버지의 영전에 이 책을 바친다는 작가의 헌사 앞에 숙연해집니다.

함께 읽어요

비바람 속에서도 꽃들은 피어나고

오늘도 지구촌 곳곳에서는 전쟁이 끊이지 않습니다. 국가 간에 충돌하는 전쟁, 나라 안에서 상대의 가슴에 총부리를 겨누는 전쟁 등으로 소중한 목숨을 잃은 사람들과 영문도 모른 채 하루아침에 고아가 된 어린아이들을 바라보는 마음은 참담합니다. 평소에는 세계 평화를 운운하면서 어떤 나라도 적극적인 중재에 나설 수도, 나서지도 않는 와중에 자국의 이익과 전쟁 특수를 노리는 국제적인 흐름에 멍하니 뉴스만 전해 듣는 무기력함이라니요. 국가 간 전쟁이나 내전 앞에서 개인은 무엇을 할 수 있을까요? 전쟁에 관한 그림책을 읽으며 한 생명의 가치가 소모품으로 전락하고 강포한 힘에 매장된 진실을 하나둘 파헤치고 직면할 용기를 내어봅시다.

『사과꽃』 김정배 글 | 김휘녕 그림 | KONG | 2023

창작 동화 콘서트 <사과꽃>은 사단법인 전북겨레하나의 기획으로 아름다운 글과 그림, 감동적인 음악과 영상이 함께하는 공연 예술 창작품입니다. 공연 이후 평화로운 세상을 꿈꾸며 감동과 가치를 공유하고자 그림책으로 출간하였다고 합니다.

　사과꽃 필 무렵, 한밤중에 들려온 총소리에 일곱 살 난 나는 엄마와 함께 두 손으로 입과 눈을 틀어막습니다. 그날 이후 아빠와 아저씨들은 총소리와 함께 사라지고 마을 사람들은 짐을 챙겨 고향을 떠납니다. 내 나이 열일곱, 어김없이 사과꽃이 피었고 아빠는 집으로 돌아옵니다.

　그림책 말미에 있는 창작 동화 콘서트 '『사과꽃』 읽어주기'와 '<사과꽃> 공연 실황' QR코드를 스캔하면 그림책의 세계로 풍덩 들어가게 됩니다. 전쟁의 아픔을 뼈저리게 겪은 세대와 전쟁을 모르는 세대가 맞이하는 사과꽃 필 무렵의 계절은 전혀 다른 느낌으로 다가오지만 어느 순간, 공감의 뜰에 함께 앉게 됩니다. 오래된 아픔은 회피하고 덮어두기보다는 펼쳐내고 깊이 들여다봄으로써 치유와 화해의 길이 열리는 것 같습니다. 올해도 어김없이 피어날 사과꽃 그늘에서 『사과꽃』을 펼쳐 읽어 보면 어떨까요?

『**숨바꼭질**』 김정선 글·그림 | 사계절출판사 | 2018

"나는 양조장 집 박순득/ 나는 자전거포 집 이순득/ 우리는 늘 함께/ 해가 나고 달이 날 때까지 온종일 내내." 푸른 숲에 살그머니 몸을 숨긴 작은 꼬마가 웃음을 머금고 있는 표지 그림과 이름이 같은 두 소녀가 나란히 손잡고 동네 골목을 걸어가는 장면을 볼 때만 해도 독자는 "꼭꼭 숨어라, 머리카락 보일라" 어릴 적 부르던 숨바꼭질 노래를 흥얼거리게 됩니다. 하지만 무심코 책장을 넘기다 마주한 장면 앞에서 노래를 뚝 멈추게 됩니다.

　서정적인 프롤로그와는 달리 깜깜한 밤중에 동네 사람들이 짐을 이고 지고 고향을 떠나면서 이야기는 시작됩니다. 전쟁은 평탄한 삶이 주는 즐거움과 빛을 앗아갔습니다. 혹여 달빛에 드러날까 노심초사하며 더 깊이 더 낮게 숨어든 마을 사람들은 온통 먹빛입니다. 폭격기가 떼 지어 습격한 곳에는 검은 연기가 피어오르고 생존을 위한 숨바꼭질은 숨 가쁘게 이어집니다.

　김정선 작가는 "잠을 자려고 콩밭에 누웠는데 그날 밤하늘이 너무 예뻤다"라는 어머니의 한 마디에서 이야기를 시작했다고 합니다. "못 찾겠다, 꾀꼬리!" 텅 빈 마을을 내려다보며 우두커니 앉아 있는 소녀의 뒷모습은 쓸쓸하기 그지없습니다.

『막두』 정희선 글·그림 | 이야기꽃 | 2019

　야무지게 두른 노란 앞치마와 머릿수건, 숨이 채 끊어지지 않은 듯 싱싱한 도미 한 마리를 움켜쥔 『막두』의 표지 그림 앞에 서면 웃음이 절로 나옵니다. 발갛게 상기된 볼과 허리에 척 하니 올린 팔, 단단하게 땅을 딛고 선 막두 할매의 다리는 또 얼마나 믿음직스러운지요.

　펼침면을 가득 채운 수산물 공판장의 모습은 하루하루를 치열하게 살아내는 민초民草들의 함성으로 터질 것만 같습니다. 왁자지껄 수산물을 사고파는 수많은 사람을 낱낱이 그린 작가의 속 깊은 애정이 물씬 느껴집니다. 생선이 덜 싱싱한 것 같다고 트집을 잡는 사람에게는 퉁명스럽게 돌직구를 날리지만, 어려운 이웃들에게는 더없이 푸근한 막두 할매입니다. 한국전쟁 피란길에 부모와 생이별한 지 어언 60년, 가족을 만날 수 있으리라는 실낱같은 희망으로 영도다리가 보이는 자갈치시장에서 보낸 하고많은 세월, 하지만 이제 막두 할매는 더 단단해진 가슴과 싱싱한 목소리로 다시 하루를 시작합니다. 노란 바탕에 꽃무늬가 가득 그려진 할매의 고무줄 바지와 번쩍 들어 올린 도미 한 마리는 그럼에도 불구하고 삶을 노래하는 할매의 밝은 미소와 함께 그림책의 마지막을 아름답게 장식합니다.

『봄꿈』 권정생 편지 | 고정순 글·그림 | 길벗어린이 | 2022

1980년 5월 광주 금남로, 다섯 살 꼬마였던 조천호 군은 계엄군의 총탄에 아버지를 잃고 가난과 외로움, 주변의 차가운 시선 속에서 고통의 세월을 살았습니다. 2021년 가을, 고정순 작가는 '오월의 꼬마'로 기억되는 조천호 군을 만나 권정생 작가의 편지를 전해주고, 5·18의 진실을 알리는 이야기 『봄꿈』은 그렇게 그림책으로 만들어졌다고 합니다.

 다섯 살 꼬마는 나무처럼 쑥쑥 자라서 아빠보다 더 멀리 헤엄치고 싶어 하고, 더운 여름날 선풍기도 아빠랑 엄마한테 양보하겠다는 귀여운 다짐을 합니다. 이다음에 업어주고 싶은 사람이 있어서 쑥쑥 자라고 싶고, 아빠와 놀 때가 가장 좋고, 봄이 오면 아빠가 좋아하는 꽃을 제일 먼저 찾아주고 싶은 아들은 아빠를 계속 부르지만 어쩐 일인지 아빠는 대답이 없습니다. 선과 형태가 흐트러진 장면을 지나 어린 아들이 들고 서 있는 아빠의 영정 사진은 차마 마주할 수 없습니다. 거리에는 여전히 태극기가 휘날리고 아빠는 어린 가슴에 묻힌 채 말이 없습니다.

5·18, 세상을 바꾸기 위해 거리로 나선 시민들의 무고한 희생과 피로 물든 열흘간의 항쟁이 밑거름되어 지금의 아이들은 아빠 품에서 노란 봄 꿈을 꾸며 마음껏 자라나겠지요.

◦ 삶을 담아요

『사과꽃』 풍성하게 맛보기

『사과꽃』 그림책 말미에 소개된 QR코드를 스캔하면 '창작 동화 콘서트『사과꽃』읽어주기'와 '창작 동화 콘서트 〈사과꽃〉 공연 실황'을 온전히 즐길 수 있습니다. 아름다운 글과 그림, 감동적인 음악과 영상 등 공연 예술 창작품의 세계로 여러분을 초대합니다.

QR코드 접속 방법

1. 'QR코드 리더 앱'을 스마트폰에 설치하고 앱을 엽니다.

2. '사과꽃' 그림책 말미에 있는 <창작동화 콘서트 '사과꽃' 읽어주기>와 <창작동화 콘서트 '사과꽃' 공연실황> 아래 QR코드를 찍으면, 바로 연결되어 내가 있는 곳이 곧 공연 마당이 됩니다.

『휴가』
이명애 글·그림 | 모래알 | 2021

몸과 마음에
의지를 불어넣는 시간

유수진

 "휴우" 마음 깊은 곳에서 올라오는 한숨이 둥그렇게 말린 입술 사이에서 뿜어져 나옵니다. 일상의 무게에 눌린 한숨은 주변 온도와 상관없이 서늘하기 마련이죠. 그럴 때마다 이런 생각이 들고는 합니다. '아, 쉬고 싶다!'

 마음이 쉼을 원할 때 『휴가』의 커버를 벗기면 자기 모습을 마주할 수 있습니다. 온몸을 감싸고 있는 일상이라는 무게의 겉옷을 내려놓으려 길을 떠납니다. 기차의 기적 소리와 함께 지나가는 긴 터널의 끝에서 빛나는 점은 가까워질수록 점점 커집니다. 그 빛으로 들어가는 순간, 다른 세계로 건너가는 기분이 들고는 하지요. 이제 주인공과 함께 터널을 지나 현실과 다른 세계로 휴가를 떠나볼까요?

 휴가는 낯선 공간으로 떠나는 모험과 같습니다. 낯선 공간이 주는 긴장감으로 하루를 보내게 됩니다. 구명조끼를 입고도 바닷물에 들어가지 못하고 혼자만 파란 그림자에 갇혀 있는 주인공처럼 말이지요. 밤은 터널과 같아서 밤의

밤의 끝에 펼쳐지는 아침은
우리를 새로운 세계로 데려다주고는 합니다.
터널을 지날 때 긴장은 설렘에게 자리를 내줍니다.
마침내 파란 그림자에서 벗어나고
비워졌던 몸과 마음은 따뜻한 에너지로 채워집니다.

끝에 펼쳐지는 아침은 우리를 새로운 세계로 데려다주고는 합니다. 터널을 지날 때마다 긴장은 설렘에게 자리를 내줍니다. 마침내 파란 그림자에서 벗어나고 비워졌던 몸과 마음은 따뜻한 에너지로 서서히 채워집니다.

　작가는 펼침면 3면을 할애하여 아름다운 저녁노을을 선물합니다. 책장을 넘기면 노을이 점점 짙어집니다. 고양이와 함께 노을을 맞이하는 주인공의 뒷모습은 언젠가 여행지에서 노을을 바라보던 자기 모습이기도 하지요. 아무 말 하지 않아도 주인공이 어떤 마음과 기분으로 노을을 바라보는지 알 수 있을 듯합니다. 노을이 펼쳐지는 장면을 보면 왜 이 그림책에 글이 없는지 이해하게 됩니다.

　요즘은 일상에서 벗어나 휴식을 취하는 사람들이 많습니다. 그 방법도 다양하여 어떤 사람은 일상과는 다른 공간에 '세컨드 하우스'를 짓고 주말을 보내기도 합니다. 또 어떤 사람은 이직을 앞두고 한동안 여행하거나 오롯이 자기만을 위한 시간을 갖기도 합니다. 가족과 맛있는 식사 시간을 가지며 긴장된 일상에서 벗어나려는 사람도 있습니다. 휴가란 짙은 노을에서 에너지를 얻는 누군가처럼 자신에게 에너지가 되는 무엇을 찾아가는 것입니다. 이제 몸과 마음에 따뜻한 의지를 불어넣으러 떠나볼까요?

함께 읽어요

휴가가 없으면 어쩔 뻔했어

새해가 되면 가장 먼저 올해에는 휴일이 며칠이나 있는지 세어봅니다. 여름휴가는 언제쯤 갈 수 있을지, 아직 다가오지도 않은 휴가 계획을 세우기도 하고요. 해외 여행, 국내 여행, '호캉스', '방콕'……. 그 이름도 다양합니다. 어떤 이름으로 부르든 휴가는 언제나 설레게 하는 힘이 있습니다. 그만큼 잘 쉬는 것이 일상을 살아내는 데 얼마나 큰 영향을 주는지 알 수 있습니다. 잘 쉬는 이야기를 담은 그림책을 소개합니다.

『할머니의 여름휴가』 안녕달 글·그림 | 창비 | 2016

단정하게 정돈된 방에서 약 봉투가 올려진 밥상을 앞에 두고 할머니는 텔레비전을 봅니다. 할머니가 바라보는 화면에는 무엇이 있는지 알 수 없습니다. 윙윙 돌아가는 선풍기도 할머니만큼 기운이 없어 보입니다. 피부가 새까맣게 그을린 손자가 소라를 귀에 대어주니 파도 소리가 들리고 바다 내음도 나는 듯합니다. 손자가 돌아간 뒤 다시 텔레비전으로 시선을 돌리는 할머니의 눈에 모래사장이 펼쳐진 화면이 있습니다. 할머니도 휴가를 가고 싶은 거겠지요.

　반려견 메리와 소라 속 바닷가로 휴가를 떠난 할머니는 즐거운 망중한을 즐깁니다. 모래사장에서 바다표범과 함께 앞뒤로 몸을 굴리며 몸을 태우는 할머니의 모습을 보면 픽픽 웃음이 삐져나옵니다. 무엇보다 넓은 화면에 그려진 바다와 하늘, 그을린 피부로 모래사장에 앉아 있는 할머니의 편안한 모습을 보면 시원한 바닷바람을 함께 맞고 있는 것 같은 착각이 듭니다.

　어쩌면 집으로 돌아온 할머니의 욕실 장면이 할머니의 진짜 여름휴가였을지도 모르지요. 손자가 선물한 추억을 벗 삼아 욕실 안 작은 욕조에서 휴가를 즐겼을지도요. 할머니만의 여름휴가로 즐거운 마음을 선물 받게 되는 그림책입니다.

『여름빛』 문지나 글·그림 | 사계절출판사 | 2023

　계절마다 빛깔이 있습니다. 여름은 어떤 빛깔일까요? 그림책 『여름빛』은 휴가를 떠나는 과정을 그리고 있습니다. 장면마다 여름의 빛깔을 보여줍니다. 빨간색, 초록색, 노란색, 파란색이 쏘아 올린 빛처럼 눈부십니다.

　그림책은 절제되고 리듬감 있는 글처럼 빛깔에서도 리듬감이 느껴집니다. 책장을 넘길 때마다 점점 면적이 넓어지는 빨간색은 시원한 수박을 펼침면 가득 보여주어 고조된 음악을 듣는 것처럼 느껴지게 합니다. 한 바닥 가득한 깜깜한 밤하늘에 놓인 작고 노란 달이 어느 순간 달리는 차 안을 가득 채운 노란빛으로 펼쳐집니다. 차 안에 흐르는 음악이 화면을 뚫고 귓속을 파고드는 듯합니다. 노란빛의 하이라이트를 지나면 파란빛의 바다가 펼쳐집니다. 서서히 잦아드는 파란빛은 이 여름이 지나가고 있음을 보여줍니다.

그림책의 마지막 장을 넘기고 나면 한 계절이 우리에게 왔다가 지나가고 있음을 느끼게 됩니다.

『백 살이 되면』

황인찬 글 | 서수연 그림 | 사계절출판사 | 2023

"만약에"라는 질문을 일삼던 때가 있었습니다. 그러나 "백 살이 되면?"은 생각해보지 않았습니다. 시 그림책 『백 살이 되면』의 첫 문장은 "백 살이 되면 좋겠다"입니다. 많이 지치고 힘들 때 시간이 훌쩍 지나가서 나이가 많아지면 좋겠다고 생각하기도 합니다. 눈을 감았다가 뜨면 지금이 지나고 다른 지금이기를 바랄 때가 있지요. 그럴 때 휴식을 위해 멀리 떠나지 않아도 됩니다. 이불 속에서 느긋하게 시간을 보내도 한낮인 하루, 밖에서 들려오는 아주 작은 소리를 음악처럼 들으며 다시 잠들 수 있는 하루, 100년을 쉰 것 같은 하루면 충분합니다.

이 그림책의 면지는 하얀색입니다. 아무것도 없는 면지가 아니라 하얀색이 가득합니다. 새하얀 면지는 다음 장에 어떤 장면이 펼쳐질지 궁금증을 불러옵니다. 끊임없이 이러면 좋겠다고 하는 시구절과 부드러운 색감의 그림이 어우러져 우리의 마음을 어루만집니다. 발그레한 얼굴로 평화롭게 잠든 모습에서는 잠든 이의 마음속에서 몽글몽글 피어오르는 평화로움이 그대로 전해집니다. 힘들고 지쳤을 때 이 책을 들고 어딘가에 콕 박혀 한 장 한 장 천천히 넘기며 위로받기를 권합니다.

『마지막 휴양지』 존 패트릭 루이스 글

로베르토 인노첸티 그림 | 안인희 옮김 | 비룡소 | 2003

잃어버린 마음의 평화는 어떻게 회복될까요? '마지막 휴양지'로 오세요. 어떤 휴양지는 모든 것을 잊고 즐거운 추억을 만들기 위해 찾기도 하지만, 어떤 휴양지는 답을 얻기 위해 찾기도 합니다. 바로 "대답이 물음표와 함께 춤추는 곳"입니다. 작가 로베르토 인노첸티의 그림으로 펼쳐지는 추리극 같은 이 그림책은 간절하게 무언가를 찾아 헤매는 이들이 마지막에 찾게 되는 휴식처입니다.

이 책의 말미에는 "'마지막 휴양지'는 '잃어버린 마음이여, 쉬어라'와 같다"는 구절이 나옵니다. '마지막 휴양지'의 영문 낱자를 풀어서 재배치하면 '잃어버린 마음이여, 쉬어라'가 된다고 해요. 늘 무언가를 잃은 듯 찾아 헤매는 모두에게는 쉴 시간이 필요합니다. 휴식의 시간은 결국 간절히 찾아 헤매던 것으로 우리를 데려다줍니다. 화가는 수많은 소설에서 상상력을 되찾았고, 다리를 잃은 하얀 소녀는 마지막 휴양지에서 이기적인 왕자 대신 새로운 인연을 만납니다. 회색 신사는 이곳에서 자기만의 색깔을 찾게 되죠.

그리고 이 책을 펼치는 독자들은 마지막 휴양지의 손님이 되어 등장인물이 누구인지 추리하게 됩니다. 어서 오세요, 여기는 잃어버린 마음이 쉬어가는 '마지막 휴양지'입니다.

삶을 담아요

계절을 빛깔로 표현하기

'봄', '여름', '가을', '겨울' 하면 떠오르는 빛깔이 있나요? 잠깐 주위를 둘러보세요. 어느 계절인가요? 어떤 빛깔이 보이나요? 여러분의 빛깔은 아래를 향하나요, 위를 향하나요? 가운데로 모이나요, 사방으로 퍼지나요? 색연필, 크레파스, 사인펜 등을 이용하여 다음 그림과 같이 계절의 빛깔을 표현해보세요.

2장_ 초록초록한 여름, 여름날 한때

『오, 미자!』

박숲 글·그림 | 노란상상 | 2019

들꽃처럼 평범하면서도 특별한 미자들의 이야기

변영애

독특한 책 제목이 독자들의 호기심을 불러일으킵니다. 다섯 명의 '미자'들에 대한 이야기일까요? 혹은 다섯 가지 맛이 난다는 '오미자'에 관한 내용일까요? 누군가가 "미자 씨" 하고 불렀는지 다섯 명의 여성이 동시에 뒤돌아보는 표지 그림도 무척 기발하고 재미있습니다. 이 그림책은 박숲 작가가 쓰고 그린 첫 작품으로 우리 생활 곳곳에서 고군분투하는 여성 노동자들의 삶을 다큐멘터리 형식으로 경쾌하게 펼쳐 보입니다. 책장을 넘겨 다양한 미자들의 이야기를 만나볼까요?

첫 번째로 등장하는 '활기찬 미자'는 건물을 청소하는 노동자입니다. 항상 즐겁게 일하지만 가끔은 사는 게 쓰다고 하네요. 꼭 필요하지만 눈에 띄지는 않기를 바라는 존재이기에 엘리베이터 탑승이 금지된 투명 인간이 되어야 할 때는 삶의 쓴맛을 강하게 느낀다고 합니다.

두 번째 '피하지 않는 미자'는 위험한 전기를 다루는 기사입니다. 여성 기

수많은 미자가 우리 곁을 든든하게 지키고 있습니다.
인생의 다양한 맛을 경험하며
자신의 자리에서 묵묵히 최선을 다해 일하는 사람이라면
모두 미자美子가 아닐까요?

사의 실력을 얕잡아 보는 편견과 차가운 말은 피하고 싶지만, 피하지 않는다고 합니다. 당당하게 항의함으로써 매운맛을 보여줄 필요가 있으니까요.

세 번째 '용감한 미자'는 촬영장에서 일하는 스턴트맨입니다. 누군가 위험에 빠진 순간에는 용기를 내어 바닷물(짠맛)도 마다하지 않고 뛰어들지요. 그토록 용감한 그녀가 누군가의 생명을 구한 후 떨면서 인터뷰하는 장면에서는 귀여운 모습에 웃음이 절로 나와요.

네 번째 '힘이 센 미자'는 누군가의 새로운 시작을 도와주는 이삿짐센터 직원이에요. 남자 직원 못지않게 무거운 이삿짐을 척척 나릅니다. 고된 노동을 마친 후 고객이 건네준 귤에서는 기분 좋은 새콤달콤한 맛이 나지요.

다섯 번째 '오늘도 미자'는 택배 기사로 매일 숨 가쁘게 일하지만, 가끔 전해져 오는 고객의 고마운 마음 덕분에 한숨 돌릴 수 있는 여유를 얻고, 그 달콤한 맛에 오늘도 내일도 행복한 미자로 살아갑니다.

우리 사회에서 아주 흔한 여성의 이름을 소환한 후, 희로애락이 교차하는 삶과 중의적인 표현의 맛을 절묘하게 버무려 무거울 수도 있는 주제를 참신한 방식으로 풀어낸 박숲 작가의 솜씨에 박수를 보냅니다. 부드러운 색감으로 동글동글하게 그려진 캐릭터들은 친숙한 이웃처럼 다가오고, 다양한 노동의 모습을 역동적으로 표현한 그림은 실제로 삶의 현장을 체험하는 것 같은 느낌을 줍니다.

그림책에 등장한 미자들을 포함하여 수많은 미자가 든든하게 우리 곁을 지키고 있습니다. 우리 자신일 수도 있고, 우리의 친구나 엄마 혹은 할머니일 수도 있겠지요. 꼭 여성들만일까요? 인생의 다양한 맛을 경험하며 자신의 자리에서 묵묵히 최선을 다해 일하는 사람이라면 모두 미자美子가 아닐까요? 작가가 꾹꾹 눌러 썼을 것만 같은 마지막 문장에 한참 시선이 머물고, 여러 번 되뇌게 됩니다. "오늘을 살아가는 우리는 모두 미자입니다."

> 함께 읽어요

역경을 딛고 삶을 일군 여성들의 서사

힘겨운 삶을 헤쳐 나온 여성들의 이야기에는 감동과 위로의 힘이 있습니다. 주인공 대부분이 우리 주변에서 쉽게 만날 수 있는 평범한 사람이기에 읽는 이에게 전해지는 이야기의 진정성과 감동은 훨씬 큽니다. 독자들도 주인공과 비슷한 고난과 역경에 놓인 적이 있거나 당장 맞닥뜨리고 있기에 공감과 연대의 감정을 느끼고 따뜻한 위로를 받게 됩니다.

남성 중심의 서사에 가려졌던 여성들의 이야기를 예전보다 많이 만날 수 있어서 반갑습니다. 삶의 고충을 나누고 소통할 수 있는 여성들의 서사가 더욱더 풍성해지기를 바라며, 함께 읽으면 좋은 그림책을 추천합니다.

『나는 나 나혜석』 정하섭 글 | 윤미숙 그림 | 우주나무 | 2021

역사적 인물을 새롭게 소개하는 글을 많이 쓴 정하섭 작가와 볼로냐 국제아동도서전에서 두 차례나 '라가치상'을 수상한 윤미숙 작가가 손잡고 만든 그림책입니다. 빨간 원피스를 입은 여성이 입을 크게 벌리고 무언가를 외치는 표지 그림은 강렬한 인상을 주며 책 속 이야기가 궁금해집니다.

어린 시절 꿈이 탐험가였던 나혜석은 우리나라 최초의 여성 서양화가이자 세계 여행을 다녀온 최초의 여성이랍니다. 또한 자유롭고 평등한 세상을 앞당기기 위해

노력한 대표적인 신여성이지요. 주어진 이름을 거부하고 스스로 이름을 부여한 나혜석은 여성도 아내, 어미이기 이전에 '사람'이라고 외쳤어요. 그녀의 주장과 행동은 유교적 관습이 강하게 남아 있던 당시 사회에 큰 충격을 주었고, 거센 비난과 외면의 장벽에 부딪혔지요. 하지만 백여 년이 지난 지금, 그녀의 외침이 생생한 메아리로 되살아나 크게 울립니다.

나혜석 삶의 여정을 따라 전개되는 그림책을 읽고 나면 한 편의 연극을 본 것 같아요. 스캔들과 논란을 걷어내고 나혜석 본연의 생각과 행동을 집중적으로 조명하는 글은 담담하면서도 힘이 있지요. 그녀가 살았던 격변의 시대와 그녀의 드라마틱한 삶을 석판화와 한지 콜라주 기법으로 실감 나게 재현한 그림들은 글에 생명을 불어넣으며 진한 여운을 남깁니다.

『가리봉 호남곱창』

조하연 시 | 손찬희 그림 | 박려정 옮김 | 곁애 | 2021

가리봉 시장市場 문이 닫히면 시인과 상인 들이 까만 밤에 둘러앉아 서로의 삶과 마음을 나누는 시장詩場이 열렸습니다. 그 가운데 한 이야기를 조하연 시인이 정성껏 다듬고 중국 동포 소녀가 번역을 곁들여 세상에 내놓았습니다. 마을 공동체의 협업으로 탄생한 독특하고 귀한 그림책으로 손찬희 작가에게는 소중한 첫 작품이기도 합니다.

'호남곱창' 주인 할머니의 쫄깃쫄깃한 전라도 사투리가 살아 있는 시(이야기)는 판소리 한마당처럼 구성지고 애잔합니다. 시로 못다 푼 이야기는 '에필로그'에 담았습니다. 진도에서 태어나 서울에 정착하기까지 고군분투한 삶에서 터득한 철학과 지혜가 한가득 들어 있지요. "늙은 것이 아니라 익은 것이 무서운 것"이라는 할머니 말씀에서 깨달음과 위로를 얻습니다. 가리봉 시장의 여러 곱창 가게가 함께 번창했지만, 이제는 할머니의 가게만 남았고, 단골손님도 구로공단에서 쏟아져 나오던 청년들에서 중국 동포들로 바뀌었다고 해요.

예쁘게 채색한 수묵화 느낌의 그림은 시로 표현된 할머니의 서사와 잘 어우러집니다. 책 속을 누비며 동동 떠다니는 종이배들은 동심을 불러오고, 고향을 떠나온 독자들과 할머니의 향수를 달래주는 듯 다정합니다.

『나는 해녀입니다』

김여나 글 | 장준영 그림 | 키큰도토리 | 2022

평생을 해녀로 살았던 김복례 할머니의 삶이 담긴 그림책입니다. 오랜 시간 해녀들 곁에서 그들의 이야기를 듣고 기록해온 김여나 작가의 노력이 빛을 발하여 큰 울림을 줍니다.

난장 할망은 툇마루에 앉아 오래전에 바다로 떠난 신랑을 기다립니다. 제주도의 해녀였으나 아픈 아이를 살리려고 부산 기장군(육지)으로 건너왔어요. 젊은 시절 일등 해녀로 거침없이 바다를 휘저었지만, 이제는 기억도 잃고 몸도 불편하여 더 이상 물질을 할 수 없지요. 그런 할망이 전복을 따주겠다며 고무 대야에 머리를 넣었다 빼면서 숨비소리(해녀가 잠수했다가 물에 떠오를 때 숨을 내뱉으면서 내는 휘파람 소리)를 내는 장면에서는 가슴이 먹먹합니다. 바다는 난장 할망의 고단한 일터였지만, 오색 물고기와 술래잡기했던 놀이터였고 마음껏 울음을 쏟아낼 수 있는 눈물터이기도 했지요. 먼발치에서 바라만 보았던 해녀들의 삶이 보다 가깝게 다가옵니다.

 장준영 작가는 부드러운 톤의 사실적인 그림으로 이야기를 탄탄하게 받쳐줍니다. 펼침면을 가득 채운 황홀한 바닷속 풍경과 그 안에서 인어처럼 자유롭게 헤엄치는 난장 할망의 모습은 너무나 아름다워서, 바다로 다시 돌아가 물질을 할 수 없었던 김복례 할머니를 위로하는 마음의 선물 같습니다.

『일곱 할머니와 놀이터』 구돌 글·그림 | 비룡소 | 2022

할머니를 소재로 이토록 유쾌하고 발랄한 이야기를 만들어낸 구돌은 '장기여행자'라는 독특한 이력의 젊은 작가입니다. 참신한 시선과 멋진 상상력을 인정받아 비룡소 어린이 문학상인 '황금도깨비상'을 수상한 작품답게 할머니에 대한 고정관념을 깨뜨리는 그림책입니다.

 아기 고양이 그루가 놀이터 정자에서 낮잠을 자던 일곱 할머니를 깨우면서 이야기는 시작됩니다. 잠에서 깬 할머니들은 젊은 시절부터 생계를 위해 갈고 닦은 각자의 특기를 겨루는 경연을 펼치고, 놀이터는 순식간에 서커스장으로 변해요. 홍장미 할머니는 그네를 높이 타면서 뜨개질하여 조끼를 만들고, 배달자 할머니는 자전거를 탄 채로 미끄럼틀 꼭대기에서 공중제비를 돌아요. 과감한 직선과 도형으로 구성한 윤곽을 화려한 원색으로 채운 그림은 할머니들의 동작을 더 힘차고 경쾌하게 만들어줍니다.

그루가 납치되었을 때, 경쟁을 멈추고 함께 범인을 잡는 장면에서는 감동과 스릴이 넘쳐요. 최강자는 마지막에 등장하죠. 난장판이 된 놀이터는 구주부 할머니(10명의 자식을 키운 주부)의 지휘로 금세 깨끗해지지요. 작가는 그루의 입을 통해 자신의 어머니를 포함하여 오랜 시간 내공을 쌓아온 할머니들에게 존경을 표합니다. "지나간 시간이란…… 눈에 보이진 않지만 엄청나게 멋진 거군요!"

삶을 담아요

나혜석 거리 탐방하기

'나혜석 거리'를 탐방하면서 다음 미션을 수행해보세요.

1. 거리 곳곳에 배치된 나혜석과 관련된 여러 조형물을 찾아보세요.

2. 거리 초입에 서 있는 나혜석 동상과 같은 포즈로 사진을 찍어보세요.

3. 거리 끝에 있는 나혜석 좌상 옆자리에 앉아 마음속으로 대화해보세요.

_____
_____
_____
_____
_____
_____

나혜석 거리는 수원 태생인 나혜석의 삶을 기리기 위해 조성된 약 300미터의 문화 거리로 문화예술회관, 효원공원, 야외 음악당 등이 연결되어 있습니다. 분수대와 조경수가 잘 조성된 보행자 전용 도로이며 거리 공연과 같은 볼거리, 각종 음식점과 카페 및 주점 등 다양한 먹거리가 풍부한 문화와 만남이 공존하는 거리입니다.

※ 위치(교통): 경기도 수원시 팔달구 인계동 (지하철: 수원시청역 9번 출구)

『아버지의 연장 가방』

문수 글·그림 | 키위북스 | 2021

큰 바위 얼굴,
우리들의 아버지

김명희

표지를 가득 채운 그림 속 아버지는 젊고 온몸에 힘이 들어가 있습니다. 한 손은 자전거 핸들을 꽉 잡고 다른 한 손은 자전거 안장을 감싸안았습니다. 어느 한 군데 흠잡을 데 없이 반짝반짝 잘 닦인 자전거와 단단하게 동인 아버지의 연장 가방은 이른 아침 힘차게 페달을 밟으며 일터로 향하겠지요.

1947년생, 고향은 부산, 평생 목수 일만 하셨던 아버지는 친엄마가 일찍 돌아가시는 바람에 새엄마 밑에서 갖은 고생을 합니다. 먹을 것, 입을 것이 늘 부족했고, 끼니를 거르는 날도 많았던 아버지, 초등학교만 졸업하고 돈을 벌기 위해 공사판마다 기웃거리며 심부름, 잡일 등을 하다 대목 밑에서 3년간 견습공으로 일하고 드디어 연장을 만지게 된 아버지. 친구의 소개로 엄마를 만나 판잣집 작은 셋방을 구해 살면서 아버지는 자신만의 연장을 마련하기 시작합니다. 가방 안을 가득 채운 연장은 잘 닦이고 조이고 가지런히 정리된 모습으로 면지의 펼침면을 빈틈없이 채웁니다. 그림이라고 믿기 어려울 정도로 세밀한 표

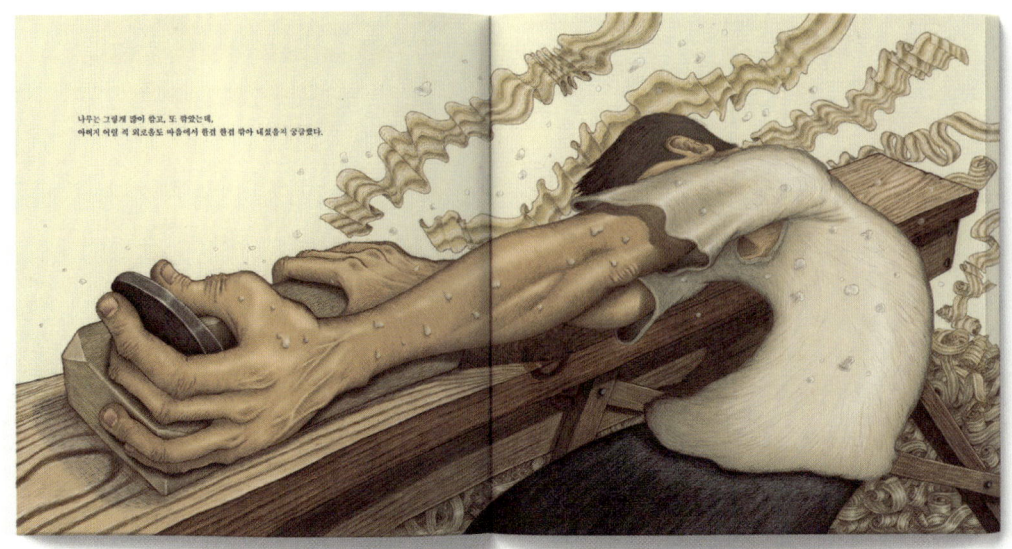

현에 입이 딱 벌어집니다. 작가는 세밀한 그림을 통해 아버지의 삶을 낱낱이 그리고 싶었던 걸까요? 한여름, 아버지는 넓은 공사장에서 혼자 비지땀을 흘리며 망치질합니다. 이어 등이 휘어져라 온몸으로 대패질하는 아버지의 모습 앞에서는 울컥 눈시울이 붉어집니다. 한 겹, 두 겹 나무를 깎아내듯 삶의 무게와 어릴 적 외로움도 깎아내신 걸까요? 꼬박 3년을 모래바람 부는 중동의 사막에서 일하고 돌아와 내 집을 마련한 아버지와 단란한 가족의 모습이 정겹기만 합니다. 그러는 사이 아버지는 인생의 가을을 맞이합니다. 문짝 하나 고치기도 버겁기만 한 나이 든 아버지. 이제 모든 시름을 내려놓고 편안한 노후를 즐기면 좋으련만, 병원에서 청천벽력 같은 소견을 듣습니다. "파킨슨병입니다."

아버지의 몸이 점점 더 뻣뻣해지고 걸음도 말하는 것도 느려짐과 동시에 아버지의 연장들은 필요한 사람들을 향해 하나둘 흩어집니다. 집에 홀로 남아 텔레비전을 보던 아버지는 소파에 누워 잠이 들고, 아버지의 빈 연장 가방은 영화의 엔딩 장면처럼 덩그러니 놓여 있습니다. "어? 엄니 이 가방은 아직 여기 있네요." "아, 그거 느그 아부지가 절대 버리지 말라고 신신당부해서 넣어 놨다."

그림책을 읽다 돌아가신 아버지의 모습이 떠올라 몇 번이고 눈시울을 적시면서 때늦은 사랑 고백을 해봅니다. 아버지가 되기 전의 아버지에 대해 좀 더 알았더라면, 어릴 적 꿈이 무엇이었고, 어떤 어린 시절과 청소년기를 거쳤는지 알았더라면, 아버지의 생각을 조금 더 이해하고 때로는 아물지 않은 상처를 감싸안을 수도 있었을 텐데 말입니다. 아버지에게는 그래도 되는 줄 알았습니다. 아니, 애초부터 우리를 부양하고 지켜주는 것이 아버지의 존재 이유라고 생각했던 것입니다. 고백하자면 친구 아빠처럼 멋지지도 부자도 아닌 아빠가 내 아빠가 아니었으면 하는 매정한 상상을 해본 적도 있었습니다. 세상의 모든 아버지는 가족을 위해 저마다의 연장 가방을 평생 몸에 지니고 다니셨겠지요. 빈 연장 가방과 함께 노년에 접어든 아버지들을 따뜻하게 안아드리고 싶은 저녁입니다.

> 함께 읽어요

꽃다발 한 아름 안겨드리고 싶습니다

아버지이기 전에 한 사람이고, 누구나가 느끼는 감정을 품고 살고, 하루에도 몇 번씩 직장 일을 때려치우고 싶은 유혹에 시달리지만, 가족이라는 울타리를 지켜내야 하기에 늘 목말랐던 당신. 사춘기의 급물살을 탄 청소년기의 자식들은 "아빠가 나한테 해준 게 뭐가 있느냐?"고 다그쳐 묻습니다. 한평생 가족들을 위해 앞만 보고 달려왔는데 "부족한 아빠라서 미안하다"고밖에 말할 수 없는 자신을 물끄러미 바라보며 또 한 번 어깨가 축 처지는 당신, 아버지. 가슴에 못 박은 못된 말들은 다 용서하시고 힘을 내세요. 당신이 있기에 세상의 아이들은 오늘도 앞으로 나아갑니다. 한동안 잊고 지냈던 아버지의 뒷모습을 떠올리게 하는 그림책을 소개합니다.

『아빠의 작업실』 윤순정 글·그림 | 이야기꽃 | 2021

이 그림책을 만드는 동안 작가는 하늘에 계신 아빠의 뒷모습을 처음으로 오랫동안 바라보았다고 합니다. 어쩌면 어린 날의 작가가 그러했듯 작가의 작업실에서 아빠가 놀고 계실지도 모른다는 마지막 글에 큰 울림과 깊은 여운이 남습니다. 책장을 넘기다 보면 어린 시절, 그 골목 어딘가에 서 있는 듯한 착각을 불러일으킬 만큼 정감 있는 그림과 마을 풍경이 마음을 따뜻하게 어루만집니다.

아이는 학교를 마치면 온 동네 간판을 만드는 간판장이 아빠의 작업실로 달려갑니다. 나무, 종이, 페인트, 땀 등이 뒤범벅된 냄새, 그것은 아빠의 냄새입니다. 연필, 모양자, 포스터컬러, 낡은 목장갑은 아빠의 도구들이죠. 아빠는 그것들로 영화 포스터, 광고 전단, 이발소 간판, 동네 식당의 메뉴판까지 만듭니다. 완성된 간판을 다는 날, 사다리를 타고 높이 올라간 아빠를 지켜보는 아이는 아빠가 발을 헛디디면 어쩌나, 조바심을 냅니다. 마을 어디에서나 느껴지는 아빠의 손길을 보며 아이도 아빠처럼 살고 싶다고 생각합니다. '아빠처럼 살고 싶다'는 자식의 말만큼 막강한 칭찬이 세상 어디에 또 있을까요?

『여름의 잠수』 사라 스트리츠베리 글 | 사라 룬드베리 그림

이유진 옮김 | 위고 | 2020

한 지붕 아래 같은 식탁에서 밥을 먹으며 함께 살면 '가족'이라는 이름으로 서로의 아픔에 공감할 수 있을 것 같지만, 우울에 갇히면 각자 섬이 되고 혼자가 됩니다.

날개를 잃고 우울증에 걸린 아빠가 정신병원에 있는 동안 어린 소이는 병문안을 갔다 사비나를 만납니다. 그해 여름 소이는 사비나와 함께 '다른 세상'으로 깊게 잠겨 들어가면서 아빠의 병을 조금이나마 이해하게 됩니다. 둘은 햇빛 아래 누워 하늘에 가느다란 줄을 그리며 날아가는 비행기를 보았고, 가끔 잔디밭에서 잠이 듭니다. 그러면서 소이는 아픈 아빠의 깊은 슬픔을 조금이나마 헤아리게 됩니다. 상대를 이해한다는 건 결국 같은 방향을 바라보면서 그가 있는 곳까지 함께 내려가보는 것 아닐까요? 어린아이도 어른의 슬픔에 다가가서 공감할 수 있고, 그런 아이로 인해 어른들도 다시 살아갈 힘을 얻을 수 있다는 걸 보여주는 따뜻한 그림책입니다. 사라 스트리츠베리 작가는 스톡홀름의 베콤베리아 정신병원에 친척을 면회하러 갔던 유년시절의 기억을 바탕으로 이 그림책을 썼다고 합니다.

『꽃할배』 윤혜신 글 | 김근희 그림 | 씨드북 | 2016

꽃을 무척이나 좋아하던 작가의 아버지 이야기입니다. 어린 시절을 불러들이는 윤혜신 작가의 이야기를 따라 고운 꽃들이 하나둘 피어나는 그림으로 채워진 따뜻한 그림책입니다. 그림을 그린 김근희 작가는 "이 책의 그림 작업은 아는 길을 찾아가듯 편안했습니다. 어린 시절 꽃들에게 마음을 사로잡혀 소년에서 아버지로, 할아버지가 되어서도 풀꽃들과 함께 그윽한 우정을 나눈 꽃할배, 온 산의 꽃들이 한가득 넘실대는 할배의 꽃지게가 그립습니다"라고 작가의 말을 남겼습니다.

나무나 쇠꼴이 아닌 들꽃을 지게에 가득 지고 온 손자를 나무라며 할머니는 꽃을 문밖에 패대기쳤지만, 상심은커녕 소년의 꽃 사랑은 변함이 없습니다. 꽃을 찾아다니며 꽃향기에 흠뻑 취한 소년의 모습이 색연필의 따뜻한 색감을 입어 더욱 서정적이고 아름답습니다.

보름달이 휘영청 밝은 어느 날, 불콰하게 술에 취해 돌아온 아버지는 잠든 아이들을 깨워 마당에 쭉 서게 합니다. 아이들의 그림자를 따라 조약돌을 늘어놓은 아버지는 그림자 그림을 물끄러미 바라보며 웃습니다. 아이들은 아버지의 꽃밭을 물들이는 가장 고운 꽃들이겠지요.

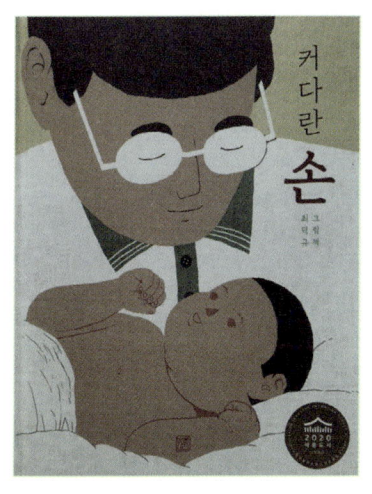

『커다란 손』 최덕규 글·그림 | 윤에디션 | 2020

아기를 돌보던 커다란 손의 아버지는 어느덧 머리가 하얗게 센 할아버지가 되어 아들의 손길에 쇠약해진 몸을 의지하고 있습니다. 기저귀를 갈아주고 따뜻한 물에 목욕을 시켜주던 손, 조심스레 손톱을 깎아주던 아버지의 손길을 따라 이제 어엿한 아버지가 된 아들은 나이 드신 아버지를 돌봐드리고 등을 밀어드립니다. 신발 신기, 옷 입기 등 아버지의 커다란 손이 하던 일을 듬직하고 따뜻한 아들의 손이 대신하고 있습니다. 글 없는 그림으로 시작하기에 독자는 저마다의 추억과 이야기를 엮어 자신의 유년 시절 아버지와 만나는 시간을 갖게 됩니다.

아버지의 손은 커다란 손입니다.

딱 한 줄, 웅변 같은 작가의 한 마디가 백 마디의 서사를 대신합니다. 작가는 오랜 시간 마음에 담아두었던 이야기를 조심스레 꺼냈다고 고백합니다. 아빠가 되어 아이의 작은 손을 잡아보면서 자신의 아버지 또한 그러했음을 헤아리게 되었다고요. 오늘은 열 일 제치고 부모님께 달려가 오랜 세월 자식들을 향해 뻗으셨던 두 손을 오래오래 잡아드렸으면 합니다.

삶을 담아요

그리운 시절, 사진 찾기

오랜만에 앨범을 펼쳐봅니다. 사진 속 나의 어릴 적 아버지는 참으로 풋풋한 초보 아빠였습니다. 목욕시킬 때도 어깨띠로 나를 업을 때도 왠지 불안해 보이지만, 사랑이 가득 담긴 눈빛만큼은 누구도 따라 할 수 없을 것 같네요. 오늘은 오랜만에 앨범을 펼쳐보세요. 마음에 드는 사진 한 장을 골라 이곳에 붙여보세요.

3장

깊어가는 가을,
오래 머물고픈
그 자리

『엠마』

웬디 케셀만 글 | 바바라 쿠니 그림 | 강연숙 옮김 | 느림보 | 2004

무엇보다 소중한
나의 꿈, 나의 인생

황희진

 표지의 진분홍 테두리 안에 그림이 있습니다. 은발의 할머니는 오른손에 그림을 든 채로, 왼손으로는 장에서 그림을 꺼내고 있습니다. 꺼내고 있는 그림은 사과를 그린 것이고, 장 속에 얼핏 보이는 그림들에는 꽃과 마을 등이 그려져 있습니다. 오른손에 들고 있는 그림은 뒷면만 보여서 '무엇이 그려져 있을까?' 하는 호기심이 듭니다. 앞표지 그림은 '엠마'라는 또 하나의 작품으로 독자들을 맞이합니다. 뒤표지에는 엠마 할머니가 그린 그림들이 "안녕" 하고 인사를 건네듯 전시되어 있습니다. 그럼 엠마 할머니의 이야기 속으로 떠나볼까요?

 엠마 스턴이라는 화가의 실제 이야기입니다. 엠마의 일흔두 번째 생일날 이야기는 시작됩니다. 할머니의 가족들은 생일 선물로 산 너머 작은 마을이 그려진 그림을 선물합니다. 하지만 엠마 할머니는 그 그림이 마음에 들지 않습니다. 할머니는 용기를 내 물감, 붓, 이젤을 사다가 기억나는 대로 고향 마을을 그렸습니다. 고향 마을뿐 아니라 눈 쌓인 현관, 반려묘 등 할머니가 그리고 싶은 것

부디 내 안의 꿈을 포기하지 말고
무시하지 말고 포근하게 안아주세요.
내가 진짜 사랑하고 돌봐야 하는 건
아들, 딸, 손자녀가 아닌 나의 꿈, 나의 인생입니다.

들을 그리고 또 그렸습니다. 그림과 진정한 사랑에 빠진 이후로 엠마 할머니는 외롭지 않았습니다. 좋아하는 곳, 사랑하는 친구들을 그린 그림이 늘 할머니 곁에 있었으니까요.

　일흔이 넘은 나이는 할머니에게 걸림돌이 되지 않았습니다. 일흔두 번째 생일에 가족들이 선물해준 그림이 마음에 썩 들지 않았던 경험은 내 마음에 드는 그림을 그리게 하는 기회가 되었습니다. 오고 가는 사람으로 채워지지 않는 외로움은 할머니에게 진짜 꿈을 찾게 하였습니다. 엠마 할머니처럼 여러분도 외로울 때가 있지요? 외로울 때 책을 읽으며 위안을 얻는 사람도 있습니다. 책에는 시간과 공간을 뛰어넘는 사랑이 가득 담겨 있으니까요. 책을 읽다 보면 공감과 위로를 얻습니다. 여러분은 외로움을 어떻게 극복하나요? 엠마 할머니의 이야기를 전하는 이 글이 당신의 마음에 닿아 내면의 소리에 귀 기울일 수 있는 기회가 되기를 간절히 소망합니다. 책을 통해 읽어내야 하는 것은 이야기를 넘어 책을 읽는 사람, 당신의 마음입니다. 부디 내 안의 꿈을 포기하지 말고 무시하지 말고 포근하게 안아주세요. 그건 그 누구의 꿈이 아닌 나의 꿈이니까요. 내가 진짜 사랑하고 돌봐야 하는 건 아들, 딸, 손자녀가 아닌 나의 꿈, 그리고 나의 인생입니다.

꿈이라고 하니 거창하고 부담스러울 수도 있을 겁니다. 이 나이에 무슨 꿈이야, 하며 덮어버리지 마세요. 내가 무엇을 할 때 행복하고 즐거운지, 그 순간을 떠올려보세요. 그 시간의 가치와 의미를 찾아 조금 더 행복한 삶을 살 수 있기를 바랍니다. 내면의 소리에 귀 기울여보세요. 가슴속 깊은 곳에서 속삭이는 소리가 들리시죠?

함께 읽어요

꿈의 씨앗을 함께 심어요

여러분의 꿈은 무엇인가요? 다른 사람들의 꿈을 살펴보며 자신의 꿈을 찾아보세요. 전남 곡성의 할머니들처럼 시를 지어도 좋습니다. 경자 할머니처럼 정원을 가꾸어도 좋고요. 최향랑 작가처럼 공예를 해도 좋아요. 또는 질리안 타마키 작가처럼 무료 급식소에서 봉사를 해도 좋아요. 우리 함께 꿈의 씨앗을 심고 싹을 틔우고 키워보아요. 먼저 나만의 꿈의 씨앗을 찾아봅시다. 꿈을 찾는 데 마중물 역할을 해줄 책을 소개합니다.

『눈이 사뿐사뿐 오네』 김막동 외 글·그림 | 북극곰 | 2017

전남 곡성에 살며 농사도 짓고 시도 짓는 할머니들의 첫 시 그림책입니다. 한글을 모르던 할머니들이 한글을 배우고 시를 짓고 그림을 그렸습니다. 눈이 사뿐사뿐 내리는 날, 할머니들의 생각 나래가 어떻게 펼쳐지는지 궁금하지 않으신가요? 열여덟 편의 시와 그림이 여러분을 기다리고 있습니다. 하얀 눈이 글과 그림에 녹아 있습니다.

할머니들이 지은 시구는 세련되기보다는 투박하고, 고된 삶이 녹아든 거친 손등처럼 있는 그대로의 삶이 표현되어 있습니다. 직접 그린 그림 역시 투박합니다. 하지만 할머니들이 글자를 배운 뒤 직접 지은 시와 손수 그린 그림은 유명한 시인의 시구보다 큰 울림을 줍니다. 할머니들이 살아낸 삶, 날것의 느낌이 그대로 전해집니다. "천국에 있는 남편에게 쓰고 싶다. 나 잘 살고 있다고……"라는 시의 마지막 문구는 열여덟 명의 할머니들이 독자들에게 건네는 마음이 아닐까요? 눈이 사뿐사뿐 오는 날, 한 장 한 장 넘기며 읽다 보면 삶에 대한 통찰을 선물 받게 됩니다.

『할머니의 정원』 백화현 글 | 김주희 그림 | 백화만발 | 2020

시니어 독서 운동을 하는 백화현 작가의 글과 김주희 작가의 그림이 어우러진 '시니어 그림책'입니다. 표지는 부드러운 연두색으로 안정감을 줍니다. 표지 가운데에는 경자 할머니가 목청이 보이도록 활짝 웃고 있는 모습이 그려져 있습니다. 경자 할머니 뒤로는 라일락이 피어 있는데요. 그 향기가 마음에 살포시 스며드는 이야기를 함께 읽어볼까요?

표지를 넘기자 "나이 들어가는 세상의 모든 이에게"라는 글귀가 우리를 마중합니다. 누구나 나이가 든다는 사실은 나이가 들어가는 사람들에게 큰 위안이 되기도 합니다. 결국 이 책은 모두를 위한 것이지요.

책은 혼자 사는 경자 할머니와 가사 도우미 민희 씨의 성장 이야기를 담고 있습니다. 민희 씨의 수첩에 적혀 있는 『타샤의 정원』의 글귀 "더 배우고 싶은 꿈을 향해 나아가는 즐거움은 누구든지 언제라도 누릴 수 있는 으뜸의 기쁨입니다"는 경자 할머니에게도 꿈의 꽃씨가 됩니다. 경자 할머니도 집 마당에 정원을 가꿉니다. 경자 할머니의 정원은 꿈의 정원입니다. 읽고 나면 독자들도 꿈의 꽃씨를 심게 됩니다. 꿈의 꽃씨가 피어나 향기로운 꿈이 여러분의 삶에 스며들기를 기원합니다.

『숲 속 재봉사의 꽃잎 드레스』

최향랑 글·그림 | 창비 | 2016

꽃잎, 나뭇잎, 씨앗을 모으고 말려 콜라주 작업을 하는 최향랑 작가의 글과 그림을 담은 그림책입니다. '알록달록 색깔책'이라는 부제가 적힌 표지에는 하양, 빨강, 노랑 등 다양한 색깔의 꽃잎이 제목을 둘러싸고 있습니다. 옷핀, 가위, 실, 단추 등의 재료도 어우러져 있고요.

"무슨 색깔 옷을 입을까?"라는 문장으로 내용이 시작됩니다. 책장을 넘기면 왼쪽 면에는 꽃잎으로 만든 콜라주 작품이 가득하고, 오른쪽 면에서는 꽃잎 드레스를 입은 주인공이 등장합니다. 빨강, 노랑, 초록, 파랑, 보라, 갈색, 분홍, 하양 옷을 입습니다. 매일매일 입고 싶은 옷이 다릅니다. 매일매일 다른 꽃이 피니까요. 책장을 넘길 때마다 우리를 맞이하는 다른 색상의 분위기는 컬러 테라피를 받는 듯한 느낌을 줍니다. 천, 단추, 꽃 등 다양한 질감으로 표현된 콜라주 작품은 작은 미술관에 온 듯한 기분을 느끼게 합니다. 『숲 속 재봉사의 꽃잎 드레스』를 읽고 나면 꽃

향기가 은은하게 스며드는 기분이 듭니다. 최향랑 작가는 그리고 오리고 붙이고 꿰매고 뜨개질하는 등 손을 움직이는 모든 공예 작업을 좋아한다고 합니다. 최향랑 작가가 만든 세상에서 가장 아름다운 드레스는 바로 이 책이 아닐까요? 여러분도 꽃잎 드레스를 입어보세요!

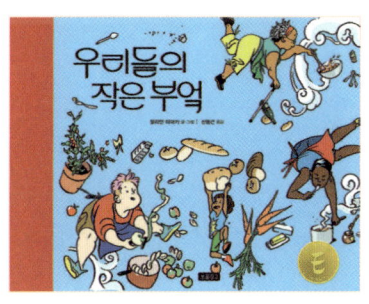

『우리들의 작은 부엌』

질리안 타마키 글·그림 | 신형건 옮김 | 보물창고 | 2022

질리안 타마키 작가가 무료 급식소에서 봉사한 이야기를 쓰고 그렸습니다. 매주 수요일 급식소에서 봉사하며 감자 껍질 벗기기 등 식재료 다듬기부터 시작해 급식소를 찾는 사람들에게 음식을 제공하는 일련의 과정을 엿볼 수 있는 그림책입니다. 야채 스프와 애플 크럼블 레시피는 책의 앞뒤 면지에 그려져 있습니다. 급식소에서 사람들에게 제공했던 음식 같습니다. 모든 그림에는 검정색 테두리가 있어 그림이 매우 선명하고, 음식이 만들어지는 과정이 박진감 넘치게 표현되어 있습니다. 경제가 무너져가는 상황에서도 지속한 수요일의 한 끼 식사는 식량, 주거, 경제 불안정 등 모든 문제를 해결해주지는 못했지만, 따듯한 한 끼가 지닌 힘을 지속해주었습니다. 그림의 검정 테두리는 한 끼 식사가 가진 힘, 즉 힘찬 에너지를 느끼게도 합니다. 매주 수요일 한 끼의 따뜻한 식사는 무료 급식소를 찾는 사람들을 위한 사랑과 희망입니다. 질리안 타마키 작가의 『우리들의 작은 부엌』에서는 타인을 위한 봉사를 지속하게 하는 열정과 끈기가 느껴집니다. 열정과 끈기를 요리하게 하는 책, 펼쳐보고 싶지요?

삶을 담아요

취미나 특기 표현하기

내가 좋아하는 취미나 잘하는 특기는 무엇일까요? 글로 적거나 그림으로 그려 보세요.

『내가 아는 기쁨의 이름들』
소피 블랙올 글·그림 | 정회성 옮김 | 웅진주니어 | 2023

삶을 기억하고
사랑하는 법

배수경

『위니를 찾아서』와 『안녕, 나의 등대』로 '칼데콧상'을 수상한 소피 블랙올은 다양한 삶을 조망하고 따뜻한 시선으로 그리는 작가입니다. 뜻밖의 팬데믹으로 힘든 시간을 이겨낸 그녀는 기쁨의 이름들을 모아 따뜻한 색감의 수채화로 한 장 한 장 엽서처럼 담아냅니다. 매일 반복되는 일상 같지만 때로는 내 삶에만 먹구름이 밀려오기도 하고, 때로는 모두에게 재앙이 들이닥치기도 합니다. 삶에서 어떤 기쁨도 느낄 수 없을 때, 우리는 당연하지 않은 오늘과 내일의 소중함을 깨닫게 됩니다.

『내가 아는 기쁨의 이름들』에는 누구나 겪는 일상의 기쁨도 있고, 작가 개인의 특별한 경험도 있어요. 표지에 그려진 조약돌에 새겨진 이름처럼 매일을 채우는 52가지 행복이 담겨 있습니다. 떠오르는 태양을 시작으로 카르페 디엠까지, 다양한 기쁨의 이름들은 무심코 지나친 것들을 가만히 들여다보게 하고 위로와 응원을 전합니다.

기쁨은 매일의 소소한 일상에서
찾을 수 있습니다.
피로를 잊게 하는 따뜻한 샤워,
향긋한 차 한 잔은
잠깐의 여유를 선사합니다.
따뜻한 포옹과 진심 어린 박수는
축하와 위로를 전합니다.

기쁨은 어디에 있을까요? 먼저 매일의 소소한 일상에서 찾을 수 있습니다. 피로를 잊게 하는 따뜻한 샤워, 향긋한 차 한 잔은 잠깐의 여유를 선사합니다. 따뜻한 포옹과 진심 어린 박수는 축하와 위로를 전합니다. 누군가를 위해 굽는 과자와 가족과 함께하는 저녁 식사는 우리를 행복하게 합니다. 오래된 노래는 그 시절로 우리를 소환하고, 오래된 책은 삶에 위안을 전합니다. 가끔은 정리 정돈 후 잃어버린 물건을 되찾기도 하며 뜻밖의 기쁨도 느낍니다. 새로운 배움과 잠깐의 낮잠, 물 한 모금, 운동은 우리를 건강하게 합니다.

우리를 둘러싸고 있는 자연도 빼놓을 수 없어요. 비와 무지개를 기다리고, 바닷가에서 조약돌을 줍고, 아름다운 꽃밭을 만들기도 합니다. 우리는 일상에서 벗어나 색다른 풍경을 경험하는 여행을 떠나기도 하고, 돌아갈 집이 있어 편안함을 느끼기도 합니다. 길을 찾게 해주는 지도는 어디를 다녀왔는지 추억하고, 어디를 가고 싶은지 꿈꿀 수도 있게 합니다.

특별한 날의 기쁨도 있습니다. 누구에게나 제일 행복한 결혼식과 소중한 아기의 탄생, 작가의 사랑 이야기는 마음을 찡하게 해요. 그리고 꼭 기억할 건 이 순간에 충실하면 무슨 일이 일어나든 내일 아침에는 태양이 떠오른다는 겁니다.

"짙은 먹구름에 가려져 보이지 않더라도 지평선 어딘가에는 밝은 곳이 있게 마련"이지요. 어쩌면 "스스로 나서서 만들어야만 하는 곳일지도 모르지"만요. 과거의 소중한 추억을 간직하고, 앞으로 펼쳐질 미래를 기대하며 우리는 지금을 살아갈 힘을 얻습니다.

삶의 행복은 좋아하는 일을 하거나 사랑하는 사람과 함께할 때도 있고, 역경을 이겨내고 건강을 되찾을 때도 있습니다. 하지만 반드시 잘 살아야 하는 것만은 아닙니다. 삶의 여정을 기억하고 사랑한다면 위기도 기회로 만들 수 있으니까요.

| 함께 읽어요

존재에 대한 성찰

누구에게나 공평하게 주어진 시간 속에서 우리는 살아갑니다. 정답이 없는 삶은 늘 질문을 던지죠. 하루하루의 삶은 행복도 슬픔도 위로도 줍니다. 바쁘게 돌아가는 세상에서 작기만 한 우리는 외롭지만 버티고 기대하며 살아갑니다. 때로는 넘어지고 후회하고 존재를 부정하기도 하지만, 가족과 친구, 누군가가 내미는 손을 잡기도 하며 일어섭니다. 주변을 돌아보고 함께 나누며 나로 살 수만 있다면 말입니다. 내가 나라서 느낄 수 있는 기쁨을 만끽할 수 있는 그림책을 만나보아요.

『하루살이가 만난 내일』

나현정 글·그림 | 글로연 | 2023

누구에게나 찾아오는 내일이 당연하지 않다면 어떨까요? 이제 막 허물을 벗고 나온 하루살이는 눈앞에 펼쳐진 반짝이는 세상을 하루만 볼 수 있음에 아쉬워합니다. 꽃밭을 시작으로 하늘과 바다, 산속으로 내일을 찾아 나서죠. 저마다 말해주는 내일은 다 다릅니다. 어린 새싹들은 저 높은 꼭대기에 있다고, 꽃들은 저 아래 깊은 땅속에 있다고 합니다. 그건 한 뼘 한 뼘 나무가 자라고, 씨앗이 꽃봉오리를 피워내는 희망입니다. 구름 위까지 날아오른 하루살이는 내일이 멋지게 느껴집니다. 하지만 다음 날에도 멋진 하늘을 바라볼 수 있을지 두려운 노인과 어항 속에 갇힌 금붕어에게 내일은 어둡기만 합니다. 다시 먼 곳을 날아 도착한 바다는 늘 새로운 빛으로 일렁이는 파도에 내일이 있다고 말합니다. 소녀는 책장을 넘길 때마다 새로운 이야기가 가득한 책이라고 합니다. 새하얀 눈은 계속 이어지는 발걸음 끝에 있다고 하죠. 늑대는 내일보다는 이 순간이 중요하다고 합니다. 곧 아이를 만날 여자에게는 기다림이고, 또한 내일은 아프고 힘겨운 곳에도 있다고 말해줍니다. 모두의 내일이 다른 곳에 있는 것처럼 저마다 다른 춤을 추고 있는 눈송이를 보며 하루살이는 자기만의 춤을 춥니다. 드디어 자신만의 내일을 만납니다. 화면을 가득 채운 화려한 그림과 더불어 하루살이와 내일은 하양과 빨강으로, 각각의 존재와 서사는 골드와 검정으로 표현했습니다. 컬러박스 안에 나눠 적은 글은 그 의미를 더 강렬하게 전해줍니다.

『**과자가게의 왕자님**』 마렉 비에인칙 글 | 요안나 콘세이요 그림 | 이지원 옮김 | 사계절출판사 | 2018

행복은 골칫덩이라는 왕자의 말에 연인 칵투시아는 행복이 행복이지 무슨 문제냐며 한숨을 쉽니다. 왕자는 줄곧 행복은 신이 내린 형벌이고, 행복할 때는 그걸 느끼지 못하고 모르는 사이에 지나버린다고 아쉬워합니다. 심지어 악마가 만든 것이고 세상에는 기쁨과 슬픔이 균형을 이루고 있어 행복하면 그 대가로 머지않아 나쁜 일이 따라올 거라고 걱정합니다. 그리고 행복의 최악은 곧 끝난다는 데 있다고 말합니다. 다정하게 지켜보던 칵투시아는 아무 데도 가지 말고 여기 과자가게에 더 있

다 가자는 멋진 제안을 하며 그를 위로합니다. 6.5미터에 걸쳐 펼쳐진 아코디언 제본이 근사한 이 그림책은 요안나 콘세이요 작가 특유의 연필 선으로 우리를 유혹합니다. 게다가 행복에 대한 마렉 비에인칙 작가의 섬세한 글이 더해져 우리에게 울림을 전합니다. 행복은 골칫덩어리라고 말하는 왕자와 그의 연인 칵투시아의 대화는 때로는 귀엽고 때로는 웃음 짓게도 때로는 멈칫하게도 합니다. 왕자의 고민이 깊어질수록 점점 커지는 곰은 서로 마주 보기도 하고, 등을 대고 앉기도 하며 그의 마음을 보여줍니다. 달콤한 도넛과 예쁜 식기 들은 과자가게의 아기자기한 풍경으로 그려지고, 묘기를 부리고 과자를 만드는 개들도 우리를 미소 짓게 합니다. 뒷면에 흩날리는 네 잎 클로버는 행운을 전해주고, 하얀 여백에는 우리만의 소원이 담긴 이야기를 쓰고 그리게 합니다. 마지막에 꽃으로 뒤덮인 이들의 모습은 행복은 멀지 않다고 말해줍니다.

『틈만 나면』 이순옥 글·그림 | 길벗어린이 | 2023

책을 펼치면 이제 막 땅을 뚫고 솟아나려는 작은 잎이 보입니다. 책장을 넘길 때마다 흑백의 연필 선으로 그려진 도심 곳곳에서 싱그러운 초록 잎들이 보입니다. 맨홀

덮개의 작은 틈에도, 금이 간 담벼락에도, 거친 아스팔트 보도블록 사이에도, 하수구 구멍 옆에도 있습니다. "어디라도 틈만 있다면 나는 활짝 피어날 수 있어. (…) 틈만 나면 멀리 나가 볼 거야. 높이 올라 볼 거야. 한 번은, 넘어 볼 거야. 나만의 춤을 출 수 있다면."

조금 답답해도, 멋진 곳이 아니어도 상관없어요. 주인공이 아니어도, 나를 위한 자리가 없어도 됩니다. 한 줌의 흙과 하늘만 있으면 된다고 소리칩니다. 시선을 들어 보면 지붕 위에도, 담 위에도, 들판에도 자라납니다. 나로 살아갈 수만 있다면 오랜 기다림도 견딜 수 있지요.

콘크리트 틈을 비집고 피어나는 풀들이 우리 삶의 몸짓과 닮은 듯해 작가는 한참을 바라봅니다. 언제 어디서도 틈만 나면 자라는 들풀의 모습은 시간과 공간을 모두 품습니다. 작지만 힘이 있는, 여리지만 살아 있는 이들을 보며 우리 또한 존재만으로 의미 있음을 일깨워줍니다. 시종 흑백의 배경에 짙은 주황색의 노을 진 들판과 파란 밤하늘만은 강한 색을 입혀 자신만의 춤을 추는 생명의 아름다움을 극대화합니다.

『나이가 들면 어때요?』 베티나 옵레히트 글 | 율리 푈크 그림 | 전은경 옮김 | 라임 | 2023

아이가 묻습니다. "할머니, 나이가 들면 어때요?" 할머니는 답합니다. "아, 어릴 때랑 똑같지. 그냥 조금만 달라." 할머니와 아이가 서로에 관해 이야기를 나눕니다. 똑같은 상황에서도 둘의 대답은 다릅니다. 어릴 때는 아직 할 수 없는 일이 많아서

화가 나지만, 나이가 들면 이제 더는 할 수 없는 일 때문에 화가 납니다. 어릴 때는 시간이 너무 늦게 흘러가서 꾹 참아야 할 때가 많지만, 나이가 들면 시간이 화살처럼 빠르게 흐르니까 더는 참을 필요가 없다고 말하죠. 어릴 때는 질문이 많고 다른 사람들이 원하는 것을 해야 하지만, 나이가 들면 웃게 되는 대답을 하고 자기가 원하는 것을 합니다. 하지만 종종 기쁘거나 자주 슬프고, 앞으로 살면서 어떤 일이 벌어질까 꿈을 꾸는 것은 마찬가지라며 할머니는 아이의 마음을 다독여줍니다. 그러니까 나이 든 것과 어린 것은 아주 조금 다를 뿐 비슷하다고 말하며, 여전히 사랑하는 사람들과 살아가고 있다는 것을 일깨워줍니다.

  수채화 색연필 바탕에 빨간색의 윤곽선으로 현재와 과거를 교차한 율리 퓔크 작가의 감각적인 그림은 글의 의미를 한층 더 섬세하게 보여줍니다. 베티나 옵레히트 작가는 철학적이고 시적인 글과 함께 우리에게 삶의 변화 속에서 행복을 찾아가는 법을 가르쳐줍니다.

┌ 삶을 담아요
내가 아는 기쁨의 이름 찾기

삶을 반짝반짝 빛나게 해줄 기쁨으로 나만의 목록을 만들어볼까요? 글을 쓰거나 그림을 그려도 좋아요. 내가 아는 기쁨의 이름을 모아보세요.

『앙통의 완벽한 수박밭』

코린 로브라 비탈리 글 | 마리옹 뒤발 그림 | 이하나 옮김 | 그림책공작소 | 2021

완벽에 대하여

손효순

　나직이 읊조리는 듯한 내레이션으로 인해 우리는 절망에 빠진 앙통을 만나게 됩니다. 완벽했던 앙통의 수박밭에서 수박 한 통이 사라졌습니다. 사라진 건 수박 한 통이지만 앙통에게는 수박밭 절반이 사라진 것만 같습니다. 책장을 넘기면 줄을 맞춰 늘어선 수박밭의 빈자리에 앙통이 서 있습니다. 수박밭에 온갖 정성을 쏟은 앙통은 도둑맞은 수박 한 통 때문에 깊은 상실감에 빠졌습니다. 사라진 수박 생각뿐이다 보니 앙통의 눈에서는 수박 눈물이 흐를 지경입니다. 열심히 가꾼 수박밭에서 어떻게 수박 한 통이 사라질 수가 있을까요? 억울하고 슬픈 마음에 악몽까지 꾼 앙통은 밤낮으로 수박밭을 지키기로 하지만 깊은 밤 쏟아지는 잠으로 수박밭을 지키지 못합니다. 이 일을 어쩌나요?

　간결하면서 군더더기 없는 문체는 오히려 앙통의 상실감과 절망에 공감하게 합니다. 거기에 몽환적이기도 하고 사실적이기도 한 그림은 좌우 대칭을 이루며 펼침면의 그림을 한꺼번에 보게 만들어 독자들이 앙통의 불안과 고민을

© 코린 로브라 비탈리, 마리옹 뒤발, 그림책공작소

따라가게 합니다. 도둑맞은 수박밭 빈자리에 서 있는 앙통, 수박밭을 지키겠다고 밭 한가운데 의자를 놓고 앉은 앙통. 큰 수박 사이에서 고개를 숙인 앙통의 내면을 들여다보려고 하는데, 상실감에 빠진 앙통에게는 미안하게도 자꾸 웃음이 나는 이유는 뭘까요?

밤새 길고양이들로 인해 앙통의 수박밭은 초토화가 됩니다. 난장판이 된 수박밭에서 아침을 맞은 앙통은 처음으로 모자를 벗어 얼굴을 보여줍니다. 그 얼굴에서는 후련해하는 앙통이 보입니다. 이제 도둑맞은 수박의 빈자리는 사라졌습니다. 어째 흐트러진 수박밭의 수박이 줄 맞춰 있던 수박들보다 훨씬 더 싱싱해 보입니다. 고개를 들고 있는 앙통을 포함해서 지금의 수박밭은 그 어느 때보다 완벽해진 것 같습니다.

완벽해야만 하는 앙통처럼 우리도 각자 '완벽'에 대한 기준이 있습니다. 그 기준이 깨지는 순간 세상이 무너지는 것 같아 다른 일에 집중할 수가 없습니다. 그러나 그런 일로 세상이 무너지지는 않습니다. 그런 줄 알면서도 지갑에 지폐를 넣을 때 인물의 얼굴 위치를 맞춰야 마음이 편안하고, 중요한 시합에 나갈 때는 같은 색 속옷을 입어야 경기에 집중할 수 있는 이유는 완벽하고 싶은 마음 때문이겠지요.

난장판이 된 앙통의 수박밭에서 달콤한 수박을 먹는 마음으로 우리도 나의 '완벽'에 관한 생각을 신나게 어질러볼까요? 앙통으로부터 오늘도 어수선했지만, 무질서한 일상이 더없이 완벽했다고 위로받고 싶어집니다.

함께 읽어요

완벽하지 않아서 사랑스러운 완벽함

부모와 자식의 관계에서 완벽함이란 무엇일까요? 어른이 되면 자연스럽게 완벽해질까요? 계획을 잘 짜면 완벽한 걸까요? 잘해야 한다는 완벽함에 사로잡혀 좌절하거나 절망한 적은 없는지요? 그러나 완벽하지 않다고 해서 상대방에게 무시당하거나 어떤 일이 크게 잘못되지는 않습니다. 그런 줄 알면서도 실수하지 않고 완벽하게 해내기 위해 애쓰는, 그렇지만 가끔은 어쩔 수 없이 완벽하지 못한 우리를 위해 풀어내는 이야기입니다.

『완벽한 아이 팔아요』

미카엘 에스코피에 글 | 마티외 모데 그림 | 박선주 옮김 | 길벗스쿨 2017

완벽한 아이를 대형마트에서 팝니다. 뒤프레 부부는 대형마트에서 원하던 아이를 삽니다. 그렇게 가족이 된 바티스트는 밥투정도 안 하고, 혼자서도 잘 놀고, 잠도 일찍 자고, 공부도 잘하고, 친절하고, 그 어떤 상황에서도 완벽했습니다. 뒤프레 부부는 말할 수 없이 행복합니다. 그러던 어느 날, 엄마, 아빠가 학교 축제 날짜를 착각해 실수로 무대복을 입혀 보내는 바람에 바티스트는 반 친구들에게 놀림을 당합니다. 많이 속상했던 바티스트는 집에 와서 엄마, 아빠에게 처음으로 화를 냅니다. 이에 깜짝 놀란 뒤프레 부부는 바티스트를 데리고 대형마트로 갑니다. 그러고는 화를 낸 바티스트의 수리를 요청하려고 하죠. 이에 마트 직원은 바티스트에게 지금의 가족에 대해 만족하는지 물어봅니다. 바티스트의 대답이 기가 막힙니다. "…… 혹시 저한테도 완벽한 부모님을 찾아 주실 수 있나요?"

어른들은 가끔 아이들이 어리고 서툴다는 사실을 잊고 완벽하기를 바랍니다. 그렇다면 어른들이라고 완벽할까요? 그렇지 않습니다. 어른들도 덤벙대거나 실수할 때가 아주 많습니다. 완벽하기를 바라지 않고 서로의 실수를 감싸주는 관계야말로 완벽한 가족 아닐는지요.

『완벽한 우리 아빠의 절대! 안 완벽한 비밀 11』

노에 까를랑 글 | 호녕 바델 그림 | 윤민정 옮김 | 바둑이하우스 | 2020

제목에서부터 아빠의 어설픔과 엉성함이 느껴집니다. 표지를 넘기면 꿀이 떨어질 듯한 눈으로 딸 사진을 바라보는 아빠에게서 행복감이 전해집니다. 그렇게 그림책은 왼쪽 면에 아빠의 모습을 "아빠는 늘 이런 사람이야" 하고 펼쳐놓습니다. 몇 시간씩 꼼짝 안 하고 숙제를 하고, 무엇이든 뚝딱 만드는 조립의 달인이며, 근면함으로 운동도 빼먹지 않고, 언제나 용감하며, 어떤 경우에든지 잘 참고, 정리 정돈은 기본이며, 요리도 물론 잘하고, 우아함을 좋아하며, 책은 명작만 읽고, 뭐든지 잘 고치는 기계 박사입니다. 그런데 그림책의 오른쪽 면에서 마주하는 실제 아빠의 모습은 완벽함과는 거리가 있어 보입니다. 이것이 완벽하지 않은 아빠의 비밀입니다.

완벽하고 멋진 사람으로 보이기 위해 아빠가 사랑하는 딸에게 한껏 부풀려서 이야기하는 장면은 주위에서 볼 수 있는 평범한 아빠들의 모습입니다. 사실 아빠는 완벽하지 않은 사람이지만 세상에서 가장 사랑하는 딸 앞에서만큼은 완벽해 보이고 싶습니다. 그래야 딸에게 훨씬 큰 세상을 보여줄 수 있을 테니까요. 이런 사랑으로 인해 완벽하지 않은 아빠가 더 빛이 난다는 것을 딸은 알고 있습니다. 그래서 완벽하지 않은 아빠의 비밀을 눈감아주는 거겠지요. 완벽하지 않은 우리의 아빠들을 응원합니다.

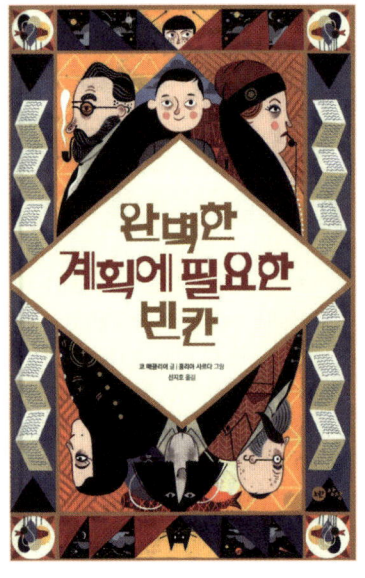

『완벽한 계획에 필요한 빈칸』

쿄 매클리어 글 | 훌리아 사르다 그림 | 신지호 옮김 | 노란상상 | 2016

매일매일 계획을 짜고 해야 할 일을 메모하는 가족이 있습니다. 집 안은 그런 메모로 가득 차 있습니다. 그러던 어느 날, 낯선 남자가 찾아오는데요. 그 남자가 인사했지만 가족들은 자신의 메모에 적혀 있는 사람이 아니라는 이유로 신경 쓰지 않습니다. 그러나 둘째 에드워드는 조금 달랐습니다. 낯선 남자가 집 안으로 들어올 수 있도록 문도 열어두었습니다.

　잠시 어색했던 두 사람은 지붕 끝에 앉아 무슨 일이 일어나는지 지켜보기로 합니다. 아무것도 안 하고, 질문도 하지 않고, 메모도 하지 않고요. 그러자 두 사람은 아주 멋진 경험을 하게 되었습니다. 아무것도 하지 않았기에 가능했지요. (두 사람의 멋진 경험은 그림책으로 확인하시길……) 가족은 아직도 열심히 메모하지만, 혹시 찾아올지도 모를 뜻밖의 손님을 위해 마지막 칸은 늘 비워둡니다.

　메모를 잘하고 계획을 열심히 짠다고 한들 우리의 삶이 그것에 맞게 흘러갈까요? 불쑥 생각지도 못했던 일이 일어나 서둘러야 하기도 하고, 가끔은 쉬어가야 할 때도 생깁니다. 그걸 잊고 빈틈없이 계획을 세운다면 삶이 답답하겠지요. 적절하게 짠 계획 사이에 빈칸을 남겨봅시다.

『완벽한 계란 후라이 주세요』

보람 글·그림 | 길벗어린이 | 2023

　먀옹 식당 개업 날입니다. 먀옹 요리사가 화장실에 간 사이 "완벽한 계란 후라이 주세요"라는 주문이 들어옵니다. 개업 축하 파티에 모인 친구들은 저마다 생각하는 완벽한 계란 후라이를 만들기 시작합니다. 각자가 생각하는 대로 완벽하기 위해 계속 만들어지는 계란 후라이! 화장실에서 돌아온 먀옹 요리사는 그 난장판에 쓰러집니다. 그때 주문한 완벽한 계란 후라이를 찾으러 온 손님에게 먀옹 요리사는 손님이 원하는 대로 계란 후라이를 만들어줍니다. 신선한 계란, 잘 달궈진 프라이팬, 솔솔 뿌린 소금, 적당한 뒤집기로 평범하지만 완벽한 계란 후라이가 완성되어 손님에게 전달됩니다. 그리고 친구들은 각자가 만든 완벽한 계란 후라이로 맛있는 개업 축하 파티를 합니다.

 친구들은 각자의 기준으로 '완벽'을 이야기하지만, 자신의 기준을 상대방에게 강요하거나 남의 생각을 무시하지 않습니다. 서로 다른 것을 인정해주는 완벽함으로 이야기가 끝나는 줄 알았습니다. 여기까지만 해도 완벽한 이야기인데, 계란 후라이를 먹지 않는 토끼들을 위해 친구들이 다양한 채소 후라이를 준비해주는 마무리는 생각하지 못한 완벽한 감동이었습니다.

삶을 담아요

완벽하지 않은 버킷리스트 만들기

살아오면서 나를 위해 계획했던 일을 완벽하게 실천하셨는지요? 계획하고 실천하지 못했던 일과 실천했던 일, 앞으로 실천하고 싶은 일을 적어보세요.

1. 나를 위해 계획하고 실천했던 일을 적어보세요.
   _____
   _____
   _____
   _____

2. 나를 위해 계획했지만 실천하지 못해 아쉬웠던 일을 적어보세요.
   _____
   _____
   _____
   _____

3. 나를 위해 앞으로 실천하고 싶은 일을 적어보세요.
   _____
   _____
   _____
   _____

『당나귀 도서관』

모니카 브라운 글 | 존 파라 그림 | 이향순 옮김 | 북뱅크 | 2014

꿈을 나르는 책 선생님,
루이스 소리아노 선생님이 오시네

백화현

　　책을 좋아하시나요? 책 읽기는 좋아하나 책이 없어 못 읽고 있는 건 아니겠지요? 2000년 들어 한국은 공공도서관뿐 아니라 학교도서관과 작은도서관들이 활성화되었고, 이제 책이 없어서 못 읽는 일은 없게 된 듯합니다. 그러나 세계 곳곳에는 아직도 책을 접하기 어려운 환경의 사람들이 있지요. 이 책의 주인공 아나가 그렇답니다.

　　콜롬비아 산간 마을에 사는 아나는 꿈꾸기를 좋아하고 언덕 너머 세상에 대해 궁금증이 많은, 책을 좋아하는 소녀랍니다. 그러나 아나에게는 읽을 책이 한 권뿐인 데다 지난해 선생님이 떠난 후로는 학교도 다닐 수 없게 되었지요. 아나는 이 책을 어찌나 많이 읽었는지 내용을 다 외울 정도랍니다. 다른 책을 더 읽고 싶지만 마을에는 책이 없었지요. 그러던 어느 날, 한 아저씨가 당나귀 두 마리에 책을 잔뜩 싣고 나타났지 뭐예요. 아저씨는 아이들을 나무 그늘에 앉힌 후 책을 읽어주었답니다. 떠날 때는 책도 몇 권씩 빌려주었고요. 아나는

루이스 소리아노 선생님은 오랜 내전으로
제대로 교육받지 못하며 자라나는 아이들이
안타까웠다고 합니다.
그래서 당나귀 두 마리의 등에 책을 싣고
산간 벽촌 아이들을 만나러 다녔다고 해요.
아이들이 책을 통해 꿈을 키우고
그 꿈을 이뤄내리라 확신했던 게지요.

동생과 함께 그 책들을 읽고 또 읽었지요. 매일 아침 아나는 창밖에 귀 기울이며 아저씨를 기다렸답니다. 그러나 몇 주가 지나도록 아저씨는 오지 않았어요. 어느 날 밤, 아나는 나비를 타고 온 나라를 날아다니며 곳곳에 이야기를 뿌려 주는 꿈을 꿉니다. 책을 날라다 준 아저씨처럼요. 잠에서 깨자마자 아나는 아저씨와 당나귀 도서관 이야기를 글로 쓴 후 예쁘게 묶어 책으로 만듭니다. 때마침 아저씨가 책들을 싣고 나타나고, 아나는 자신이 만든 책을 아저씨에게 선물하지요. 아저씨는 아이들에게 그 책을 읽어준 후 조심스레 챙겨 당나귀 책꽂이에 넣습니다. 수많은 언덕과 들을 지나 멀리멀리 또 다른 어떤 아이에게 전해질 수 있도록 말이지요.

남미의 진한 색과 향기가 담뿍 묻어나는 『당나귀 도서관』에는 콜롬비아의 초등학교 교사인 루이스 소리아노 선생님의 실화를 바탕으로 만든 이야기가 담겨 있습니다. 그는 오랜 내전으로 인해 제대로 교육받지 못하며 자라나는 아이들이 안타까웠다고 합니다. 해서 여유롭지 못한 형편임에도 1997년부터 당나귀 알파와 베토의 등에 70여 권의 책을 싣고 산간 벽촌의 아이들을 만나러 다니기 시작했다고 해요. 그는 말합니다. "나의 희망은 어린이들이 더 나은 세상을 꿈꾸고 만들 수 있도록 좋은 가치관과 상상력을 심어주는 것입니다." 그는 책이 그 희망의 길임을 믿었습니다. 아나처럼 아이들이 책을 통해 꿈을 키우고 그 꿈을 이뤄내리라 확신한 게지요.

이 이야기는 2010년 11월 EBS 프로그램 〈세계테마기행: 풍요와 낭만의 나라 콜롬비아〉 '2부 꿈을 나르는 당나귀 도서관'으로 먼저 찾아왔습니다. 이때 저 멀리 당나귀 등에 탄 선생님이 보이자 아이들이 모여들어 손뼉을 치며 "마침내 루이스 소리아노 선생님이 오시네"를 반복해서 노래하던 모습이 생생합니다. 행복감으로 뿌듯해하던 선생님과 아이들의 해맑은 웃음이 잊히지 않습니다. 그들에게 책은 단순한 지식 창고가 아니었지요. 기쁨의 샘이자 그들의 꿈이었습니다. 이 프로그램과 함께 그림책을 보면 감동이 배가 되지 않을까 싶습니다.

함께 읽어요

도서관은 불을 밝히고 영원하리

책의 역사는 기원전 3000년경 메소포타미아의 수메르인에 의해 만들어진 점토판에서부터 시작됩니다. 이어 이집트의 파피루스 책과 중국의 죽간 책('冊'은 죽간의 형태를 본뜬 상형문자)을 거쳐, 기원후 105년 채륜에 의해 종이가 발명되며 종이책의 시대가 열리지요. 하지만 아주 오랜 세월 책은 귀족과 양반의 전유물이었기에 서민은 이를 만져보는 것조차 어려웠습니다. 15세기 이후 인쇄술의 발달로 책들이 쏟아져 나오던 때에도 이는 부자들 차지였지요. 가난한 사람들은 비싼 책값을 감당할 수 없어 읽을 권리를 포기해야만 했습니다. 도서관은 이 문제를 해결하고 나섭니다. 도서관 역시 근대에 이르도록 특권층만이 누리는 혜택이었지만, 뜻있는 많은 이들의 헌신과 노력으로 이제는 만인의 무료 공간으로 자리 잡게 되었지요. 그들에게 고마움을 전하며 책과 도서관 관련 그림책을 소개합니다.

『책 冊』 지현경 글·그림 | 책고래 | 2019

조선시대에 아이들은 책을 자주 접할 수 있었을까요? 양반 아이야 그럴 수 있었겠지만 서민 아이는 어땠을까요? 고풍스러운 책가도 그림이 가득한 이 책은 지현경 작가가 쓰고 그린 첫 번째 그림책으로, 조선시대에 책을 매개로 가까워진 신분이 다른 두 아이의 우정을 보여줍니다.

양반집 연이의 말동무가 되어주러 온 순이는 연이 방의 많은 책을 보고 입을 쩍 벌립니다. 연이는 책 속에 파묻혀 순이가 인사를 건네도 고개조차 돌리지 않지요. 무료해진 순이는 하는 수 없이 책을 읽다가 점점 빨려 들고 맙니다. 책의 재미를 공유하게 된 둘은 조금씩 가까워지고, 이제 순이는 글을 짓는 연이 옆에서 바깥세상 이야기를 들려주지요. 그러다 순이가 동생들을 돌보느라 못 오게 되자 연이가 순이네 집에 찾아옵니다. 놀랍게도 순이네 집에는 동네 아이들이 잔뜩 모여 책을 읽고 있었지요. 책들은 연이가 순이에게 준 것이거나 연이가 창작하며 버린 파지를 모아 순이가 엮어 만든 것이었고요. 이후 연이와 순이는 더욱 가까워지고 연이 방은 아이들의 책 놀이터라도 된 듯 동네 아이들로 와글거리지요.

　책에 빠져드는 아이들의 표정이 어찌나 행복해 보이는지 나도 따라 책을 읽고 싶어집니다. 화려하면서도 안정감과 세련미를 느낄 수 있는 민화풍의 그림들이 오래도록 눈길을 붙잡고, 은근슬쩍 그림에만 감춰둔 이야기들을 찾아 읽는 재미도 쏠쏠합니다.

『무어 사서 선생님과 어린이도서관에 갈래요!』
잰 핀버러 글 | 데비 애트웰 그림 | 서남희 옮김 | 다산기획 | 2016

어린이도서관의 어머니로 불리는 애니 캐롤 무어의 일생을 담았습니다. 그녀의 도서

관을 향한 열정과 헌신, 또 어린이도서관의 태동과 성장 과정을 엿볼 수 있지요. 작은 크기에 앙증맞고 섬세한 복고적인 그림들이 사뿐사뿐 시대를 건널 수 있도록 돕습니다.

무어는 1871년 미국 리머릭에서 태어났지요. 당시 여자들은 일찍 결혼해 아기를 낳고 집안일을 하도록 종용당했지만 무어는 사회에 나가 보람된 일을 하고 싶었습니다. 마침 도서관에서 여자를 사서로 채용하기 시작했다는 말을 듣고 그녀는 뉴욕으로 가 교육받고 사서가 되지요. 1896년, 프랫 인스티튜트는 어린이만을 위한 최초의 어린이도서실을 열면서 무어에게 총책임을 맡깁니다. 그녀는 어린이도서실을 '작은 천국'으로 만들고 싶었지요. 이 꿈은 1911년, 뉴욕 한복판에 거대하게 건립된 '뉴욕공공도서관' 중앙 어린이실의 총책임을 맡으면서 활짝 꽃피어납니다. 지금은 당연한, 어린이 스스로 책을 고르고 빌릴 수 있는 일, 어린이 신체에 맞는 서가와 의자 들, 어린이를 위한 재미난 독서 행사와 동화 구연, 어린이를 위한 추천 도서 목록 등은 모두 무어의 꿈과 헌신을 통해 처음으로 세상에 생겨난 것들이지요. 신념을 가진 한 사람의 헌신과 도서관의 가치를 숙고케 하는 멋진 책입니다.

『도서관 할아버지』 최지혜 글 | 엄정원 그림 | 고래가숨쉬는도서관 | 2014

추억을 회고하듯 흑백필름처럼 전개되는 이 책은 한국 최초 사립 어린이도서관인

'인표어린이도서관'을 설립한 이인표 이야기입니다. 이 도서관의 선임사서였고 현재 강화도에서 사비를 들여 '바람숲 도서관'을 운영하는 최지혜 작가가 글을 썼기에 더욱 특별하게 다가옵니다.

　1922년 비교적 유복한 가정에서 태어난 이인표는 사람들을 사랑하는 마음을 어머니로부터 배웠다고 해요. 어머니는 어려운 사람들을 먹여주고 재워주는 일을 즐겁게 했다고 합니다. 그는 1961년 제화업(에스콰이아 회사)을 시작하여 기업을 일으키고 큰 부자가 되었지만 늘 마음 한구석이 허전했대요. 그러던 중 과로로 쓰러져 죽음의 위기를 겪은 후, 남은 삶은 누군가를 돕는 일을 해야겠다고 다짐합니다. 그래서 시작하게 된 일이 도서관을 건립하고 지원하는 일이었지요. 특히 열악한 지역에 어린이도서관을 지어 어떤 아이라도 책을 통해 꿈과 희망을 키우도록 돕고 싶었답니다. 그는 1990년 5월 '상계인표어린이도서관' 건립을 시작으로 5년 동안 국내 14곳, 중국 6곳, 사할린과 알마티에 각각 1곳, 총 22개의 '인표어린이도서관'을 세우며 그 다짐을 실천합니다. 철강왕 카네기는 "부자인 채로 죽는 것은 부끄러운 일이다"라는 명언을 남겼지요. 그리고 그 많던 재산의 90퍼센트를 사회에 환원하며, 미국을 비롯하여 세계 곳곳에 2,500여 개의 도서관을 건립하고 지원했습니다. 도서관이 무엇이기에 이토록 헌신한 것일까요? 이를 음미하며 천천히 책장을 넘겨봐도 좋을 듯합니다.

『꿈을 찾는 도서관』

유이 모랄레스 글·그림 | 김경미 옮김 | 비룡소 | 2019

멕시코에서 2개월 된 아기를 안고 미국으로 건너왔던 작가의 자전적 이야기입니다. 차갑고 낯설기만 했던 이국땅에서 도서관을 발견하고 천국을 만난 듯했대요. 자신이 영어를 못 알아듣고 말하지 못해도 그곳에서는 필요한 모든 것을 제공해주었답니다. 그녀는 도서관을 "믿을 수 없이 놀라운 곳. 무슨 말도 필요하지 않은, 그저 믿으면 되는 곳"이라 말합니다. 그녀는 그곳에서 책으로 말하고, 책 속에 살고, 책으로 숨 쉬었으며, 읽는 법을 배우고, 말하는 법과 글 쓰는 법, 그리고 세상에 자신의 목소리 내는 법을 배웠답니다. 그녀는 그 목소리를 그림과 글에 담아 그림책으로 만들기 시작했지요. 그녀의 그림책은 상상과 상징이 풍부하고 중남미의 토속적 향취가 가득하여 단번에 독자와 평단의 마음을 사로잡았습니다.

이 책은 출간되자마자 많은 상을 받고 각종 매체의 주목을 받습니다. "이민자의 삶, 그 차가운 현실 속에서 꽃핀 축제 같은 이야기", "즐거운 상상과 다채롭고 정교한 표현력이 만들어 낸 올 한 해 최고의 그림책", "라틴문화를 다채롭게 보여주는 색채와 상징의 향연". 모두 이 책에 쏟아진 찬사입니다. 놀랍도록 감동적인 그녀와의 만남, 기대되지 않나요? 그림 곳곳에 멕시코 전통문화와 관련된 상징 요소가 많으니 이 책을 120퍼센트 즐기고 싶다면 멕시코 문화 관련 영상을 한두 편 정도 미리 봐두는 것도 좋겠습니다.

┌ 삶을 담아요

책과 유튜브 만나기

책은 읽지 않아도 유튜브는 누구나 볼 만큼 친숙한 매체가 되었습니다. 책과 유튜브의 만남, 어떤가요? 책을 읽으며 궁금한 것들, 예컨대 작가의 삶, 책에 대한 정보, 책 속의 문화 등 찾고 싶은 정보를 유튜브 검색창에 입력하면 관련 영상이 뜹니다. '당나귀 도서관'과 '루이스 소리아노 선생님', '애니 캐롤 무어'와 '이인표', '유이 모랄레스'와 '멕시코 전통문화' 관련 자료도 쉽게 볼 수 있지요. 관심 있는 것부터 하나씩 찾아본 후, 영상 이름과 도움받은 내용, 또 책과 영상이 어떻게 같고 다른지에 대한 소감 등을 적어볼까요?

1. 찾아본 영상 이름:

    영상을 보고 도움받은 내용과 소감을 적어보세요.

    _____

    _____

    _____

    _____

2. 찾아본 영상 이름: _____

   영상을 보고 도움받은 내용과 소감을 적어보세요.

3. 찾아본 영상 이름: _____

영상을 보고 도움받은 내용과 소감을 적어보세요.

『시를 읽는다』
박완서 글 | 이성표 그림 | 작가정신 | 2022

그림과 함께 맛보는 시,
시 그림책 여행

황희진

　최근에 시를 읽어본 적이 있나요? 가슴속에 담아둔 시 구절이나 글귀가 있나요? 한 대형 서점 건물 외벽에 걸려 있는 좋은 글귀가 머릿속을 스칩니다. 내 마음의 바다에 성난 파도가 밀려들 때 따스한 햇살이 되어줄 문구들이 뇌리에 저장되어 있다면 삶이 그리 어렵지만은 않을 거예요. 『그 많던 싱아는 누가 다 먹었을까』 등 다수의 소설을 남기고 여러 번 문학상을 수상한 고故 박완서 작가의 산문집 『못 가본 길이 더 아름답다』 중 일부를 발췌한 글이 그림과 함께 우리를 기다리고 있습니다. 일러스트레이터이자 교육자이며 그림이 가진 위로의 힘을 믿는 이성표 작가의 그림은 시의 맛을 더 깊고 풍성하게 해줍니다.
　표지에는 시집을 펼친 채 두 눈을 감고 시에 온 마음을 집중하는 긴 초록 머리의 여성이 있습니다. 머리카락이 하늘을 향하고 있는데, 손에 쥐고 있는 시집으로부터 불어오는 향기가 깊이 스며든 듯합니다. 밝고 싱그러운 초록색 머리카락은 햇볕을 받으며 잘 자라나는 영혼의 식물 같습니다. 표지를 펼쳐보니

ⓒ 박완서, 이성표, 작가정신

연두색과 회색이 마구 칠해져 있어 혼란스러운 마음처럼 느껴집니다. 한 장을 더 넘기면 노랑 꽃무늬 원피스를 입은 여성의 뒷모습이 '시를 읽는다'라는 제목과 함께 우리를 기다리고 있습니다.

   이야기가 시작되면 뾰족한 선으로 가득 메워진 원피스를 입은 주인공이 등장하는데, 날카롭고 단조롭게 느껴집니다. 책장을 넘기다 보면 원피스 아래로 연둣빛 줄무늬 바지가 보입니다. 그렇게 몇 장이 더 넘어가고 "시의 가시에 찔려"라는 문구와 함께 표지의 그림이 다시 나타납니다. 연둣빛 바지의 초록 에너지가 머리끝까지 전해져 초록빛으로 물든 듯한 머리카락은 '몰입'을 느끼게 합니다.

주인공과 배경의 채색과 선의 표현을 주의 깊게 살펴보세요. 색이 칠해진 부분도 있고 색 없이 선으로만 표현된 부분도 있습니다. 시 그림책을 처음 읽을 때는 글을 중심으로 읽고, 두 번째에는 글과 그림의 조화를 생각하며 읽고, 세 번째에는 그림만이 주는 속삭임을 읽기를 추천합니다. 네 번째에는 책을 닫고 내 마음에 그려지는 이야기와 그림까지 읽어볼까요?

책을 덮고 나니 마음에 한 장면이 남습니다. 책의 후반부에 "내년에 뿌릴 꽃씨를 받는 내가"라는 글과 함께 좌우 펼침면에 꽃 한 송이가 그려져 있는데요. 그 안에는 여러 사람의 얼굴이 가득합니다. 글귀에서 표현된 "꽃씨"가 사람의 얼굴과 겹치며, 사람이 바로 꽃이 아닐까, 꽃에서 향기가 피어나듯 작가가 쓴 시에서 향기가 피어나고, 그 향기에 또 다른 꽃이 피어나는 것이 아닐까, 라고 생각해봅니다.

이 책은 마음을 읽게 하고 인생을 읽게 합니다. 내 마음과 삶을 둘러보고 싶을 때 이 책과 더불어 시 그림책 여행을 떠나는 건 어떨까요?

함께 읽어요

그림 속에서 숨 쉬는 글의
맛과 향기를 느껴보아요

글만으로도 감동은 충분히 전해집니다. 멋진 그림 한 점은 우리의 정서를 촉촉하게 적셔줍니다. 글과 그림이 조화를 이룰 때는 잘 구운 크루아상처럼 겹겹이 그 맛을 느낄 수 있습니다. 크루아상에서 풍겨오는 버터 향처럼 시 그림책에서도 향기가 납니다. 고소한 맛과 향기를 느낄 수 있는 시 그림책을 소개합니다.

『시, 그게 뭐야?』

토마 비노 글 | 마르크 마예프스키 그림 | 이경혜 옮김 | 북극곰 | 2023

'시, 그게 뭐야?'라고 생각해본 적이 있나요? 지하철역 벽면에 있는 시를 읽거나 백일장에서 시를 써본 경험은 한 번쯤 있을 겁니다. '시, 그게 뭐야?'라는 제목은 '시는 뭘까?' 하는 생각과 함께 자연스럽게 책장을 넘기게 합니다. 프랑스 시인이자 이 책의 글 작가인 토바 비노의 글에서는 인문학을 전공한 사람답게 삶을 사랑하는 마음이 느껴지며, 예리한 통찰력이 묻어납니다. "호기심이 넘치는 모든 아이에게, 답보다 질문이 많은 모든 이에게"라는 토바 비노 작가의 글

198　　　　　　　　　　　　　　　　　　　　　　　그림책, 삶의 순간을 담다

귀에서는 독자를 향한 따스한 사랑의 향기가 피어납니다. 시의 문구들이 어떤 그림과 조화를 이루는지 궁금하지 않으세요? "어느 누가 뭐라고 말하든 보는 건 바로 너!"라는 마지막 문장이 문을 활짝 열고 기다리고 있습니다.

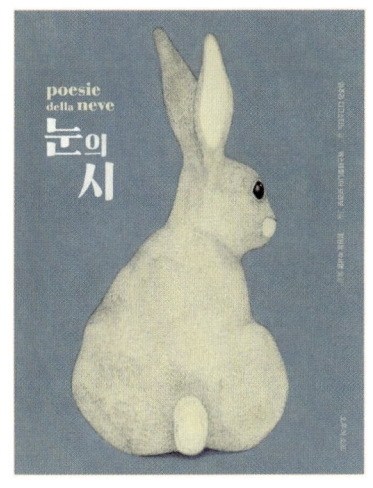

『눈의 시』 아주라 다고스티노 글 | 에스테파니아 브라보 그림
정원정·박서영 옮김 | 오후의소묘 | 2020

이탈리아의 시인 아주라 다고스티노의 글과 에스테파니아 브라보 작가의 그림이 어우러진 시 그림책입니다. 일러스트레이터로 활동하는 에스테파니아 브라보 작가의 첫 그림책이라는데, 그림이 또 하나의 이야기를 만들어냅니다. 표지에는 고려청자처럼 고귀한 푸른색이 도는 바탕에 밝은 베이지색 토끼 한 마리가 그려져 있습니다. 뒷모습을 보이며 고개를 옆으로 돌리고 있어 토끼의 오른쪽 까만 눈동자가 반짝입니다. 토끼의 눈빛이 향하는 곳을 따라 책장을 넘기면 토끼가 유리볼 안의 겨울나무를 향하고 있습니다. "겨울이 쌓이면 남은 날들은 줄어들지만 시간은 사라지지 않아. 눈이 다시 되감아 줄 테니"라는 문장과 함께 그림의 방향이 수직으로 변하며 겨울나무 한 그루가 펼침면 가득한 장면은 이 책의 보석입니다. 책의 중간쯤 선으로만 그려진 토끼가 있고, 책의 마지막 장에서는 선에서 벗어나 어디론가 향하는 토끼, 유리볼이 깨지며 드러나는 겨울나무 등 글로 서술되는 이야기에 더해 그림으로 서술되는 이야기가 더욱 깊고 진한 맛을 풍깁니다. 시를 그림책으로 만나

면서 더욱 깊어지는 맛, 한번 느껴볼까요?

『야, 눈 온다』 이상교 글 | 김선진 그림 | 보림 | 2023

눈이 오면 어떤 마음이 드나요? 눈 오는 날의 기쁨을 한껏 즐길 수 있는 밝고 맑고 예쁜 그림책입니다. 표지에는 소나무 한 그루에 눈이 솔솔 내리고 있고, 나뭇가지마다 눈사람과 눈오리가 짝을 이루어 앉아 눈을 즐기고 있습니다. "야, 눈 온다"라는 글씨와 내리는 눈이 은색으로 반짝반짝 빛납니다. 책장을 넘기면 이야기에 등장할 토끼, 청설모, 여우, 멧돼지, 비둘기 그리고 아이가 각자의 집에서 눈을 기다리고 있는 모습이 마음을 설레게 합니다. 두세 쪽을 지나고 나면 "야! 눈 온다!"라고 쓰인 장면이 우리를 맞이합니다. 토끼가 집에서 나오자, 숲속의 여러 동물과 아이는 눈을 데굴데굴 굴려 눈사람, 눈 토끼, 눈 비둘기 등을 만들고 있습니다. "멈출 것 같았던 눈이 더 펑펑 내려. 흰 꽃잎이 풀풀 날리는 것 같아"라는 글귀와 하늘에서 내리는 눈을 온몸으로 환영하는 그림은 독자도 함께 흰 꽃잎 속에 있는 듯한 느낌을 줍니다. 하늘에서 내리는 흰 꽃잎, 눈은 설렘, 기쁨, 행복, 즐거움에 흠뻑 젖어들게 합니다. "겨울이면 하늘 높이에 아주 큰 나무가 자랄지 몰라. 하늘을 가릴 만큼 그 큰 나무는 흰 눈꽃을 세상 가득 날려 보낼 거야"라는 이상교 작가의 머리말은 작가가 이 책을 만든 이유 같습니다. 세상 가득 날려 보낼 흰 눈꽃, 폴폴폴 날아갑니다.

『**연탄**』 안도현 시 | 이관수 그림 | 봄이아트북스 | 2023

연탄, 겨울 난방의 필수품이었으며 여전히 따뜻한 추억입니다. 연탄을 소재로 한 안도현 작가의 세 편의 시와 이관수 작가의 생동감 있는 그림이 후끈한 온기를 지닌 채 기다리고 있습니다. 표지 오른쪽 아래에는 연탄을 가득 실은 트럭이 동네 입구에서 길을 따라 올라가고 있습니다. 앞뒤 표지를 수평으로 펼치면 수채화로 그려진 동네 모습이 한눈에 보입니다.

수묵화로 느껴질 만큼 검정빛이나 회색빛이 많은데, 물감에 섞는 물의 양을 섬세하게 조절해 무채색 톤이지만 충분히 생동감을 전해줍니다. 작가가 강조하고 싶은 연탄불의 불꽃 등은 유채색으로 표현했으며, 연탄 불꽃의 온기가 손끝으로 전해질 만큼 그림이 살아 있습니다. "연탄재 함부로 발로 차지 마라/ 너는 누구에게 한 번이라도 뜨거운 사람이었느냐"라는 시가 첫 페이지에 담겨 있습니다. 어떤 그림으로 표현되었을까요? 시와 그림의 조화가 이야기의 감흥을 증폭시켜줍니다. 그리고 향수의 잔향처럼 그림의 잔상이 마음에 남습니다. "서서히 온몸이 벌겋게 달아오르기를/ 나도 느껴보고 싶은 것이다/ 나도 보고 싶은 것이다." 연탄의 불꽃이 당신의 마음에 닿아 벌겋게 달아오를 수 있기를 기대합니다. "삶이란 나 아닌 그 누구에게 기꺼이 연탄 한 장 되는 것"이라는 의미를 살아 숨 쉬는 그림과 함께 느껴보기 바랍니다.

> 삶을 담아요

시구 또는 글귀 옮겨 적기

앞에서 소개한 내용 중 마음에 드는 시구절을 써보세요. 평소 가슴에 담아둔 시구절 또는 힘이 되는 글귀를 써도 좋습니다.

『삼거리 양복점』

안재선 글·그림 | 웅진주니어 | 2019

멋쟁이들의 찬란한 추억이 서린 곳, 오래된 양복점

변영애

예전에는 동네에서 양복점이나 양장점을 쉽게 만날 수 있었죠. 명절을 앞두고 혹은 가족 행사를 위해 부모님을 따라 설레는 마음으로 그곳에 갔던 기억이 나네요. 목이 빠지도록 기다렸다 만난 어깨가 봉긋한 블라우스와 세련된 나팔바지는 세상에서 하나밖에 없는 옷이었죠.

볼로냐 국제아동도서전에서 두 차례나 '올해의 일러스트레이터'로 선정된 안재선 작가가 처음으로 글과 그림을 함께 작업한 그림책입니다. 양복점 주변 풍경과 실내 소품들을 사실적으로 섬세하게 표현한 그림에서 한 땀, 한 땀 공들여 양복을 만드는 것과 같은 장인 정신이 느껴집니다. 소공동 거리를 걷다 화려한 시절을 누렸던 양복점들이 하나둘씩 문을 닫는 모습이 쓸쓸하고 아쉬워 이 작품을 구상하게 되었고, 100년 동안 3대째 운영되고 있는 실제 양복점 이야기에 작가의 상상을 보탰다고 합니다. 부드러운 갈색 천 같은 표지의 그림을 보니 개의 모습을 한 캐릭터들이 진지한 표정으로 양복을 만들고 있네요.

큰 난리가 온 나라를 휩쓸고

삼거리는 폐허가 되었지만

덕구 씨의 양복점은 다시 문을 열었고,

셋째 아들 삼돌 씨가

혹독한 훈련을 받으며

가게의 전통을 이어갑니다.

궁금한 마음은 잠시 접어두고 그림책 속으로 들어가볼까요?

덕구 씨는 저고리와 도포 자락이 휘날리던 시절, 시내 삼거리에 양복점을 열었어요. 양복을 처음 입어본다는 첫 손님을 위해 덕구 씨는 온갖 정성을 기울여 옷을 만듭니다. 옷감을 고르고, 치수를 재고, 바느질과 다림질까지 꼬박 열여드레에 걸쳐 양복 한 벌을 완성했어요. 덕구 씨의 솜씨가 입소문을 타면서 삼거리 양복점은 멋쟁이 손님들로 붐볐어요.

큰 난리가 온 나라를 휩쓸고 삼거리는 폐허가 되었지만 덕구 씨의 양복점은 다시 문을 열었고, 셋째 아들 삼돌 씨가 혹독한 훈련을 받으면서 가게의 전통을 이어갑니다. 주변에 여러 양복점이 들어섰지만, 삼거리양복점의 인기는 최고였지요. 사람들은 기쁜 일을 기념할 때나 슬픈 일이 생겼을 때 중요한 행사를 위해 양복을 맞춰 입었어요.

하지만 세월이 바뀌어 주변의 양복점이 하나둘씩 문을 닫고 삼거리양복점 단골도 나이 지긋한 어른신만 남았어요. 공장에서 기계로 빨리 만들고 쉽게 살 수 있는 기성복이 유행했기 때문이죠. 삼돌 씨의 둘째 아들이자 삼거리 양복점의 세 번째 주인인 두식 씨는 변화를 꾀하되 바꾸고 싶지 않은 것을 지키면서 손님들의 새로운 요구와 개성에 맞는 옷을 만듭니다.

양복점 간판 모양과 도구들의 변화 과정을 따라가는 재미가 쏠쏠합니다. 1916년이던 달력의 숫자가 점점 커지고, 괘종시계가 어느새 전자시계로 바뀝니다. 사람들의 이미지를 개로 표현한 까닭은 개의 종류에 따라 작품 속 다양한 인물의 성격이나 캐릭터를 보여주기가 좋았고, 아이들에게도 친근하게 다가갈 수 있기 때문이었다고 하네요. 그러고 보니 100년 이상을 이어온 양복점 주인들의 우직함과 개의 충직한 이미지가 참 잘 어울려요.

두식 씨의 딸이 캐리어를 끌고 해외에서 돌아오는 마지막 장면은 삼거리 양복점의 네 번째 주인의 등장을 예고하며 오래된 양복점의 이야기가 앞으로 더 흥미진진해질 거라는 희망을 안겨줍니다.

> 함께 읽어요

낡고 정겨운 풍경 속으로 떠나는 시간 여행

다른 나라를 여행하다 보면 100년 이상 된 가게나 집을 흔하게 만납니다. 오랜 세월의 흔적과 수많은 이야기를 간직한 채 새로운 건물과 나란히 서 있는 모습이 멋스럽고 인상적이지요. 우리 사회는 짧은 시간 동안 너무 빠르게 변하였고, 오랜 시간과 추억을 머금은 소중한 공간들은 급격한 변화를 견디지 못하고 대부분 사라졌지요.

바쁘게 돌아가는 일상이 버겁고 심신이 지칠 때면, 지나간 시절과 낡고 정겨운 풍경이 그립습니다. 그럴 때 그림책을 펼쳐 어릴 적 뛰어놀던 동네로, 가족과 친구와의 추억이 깃든 곳으로, 청춘과 낭만이 머물렀던 곳으로 시간 여행을 떠나보는 것은 어떨까요?

『연탄집』 임정진 글 | 지경애 그림 | 키다리 | 2017

집집마다 연탄을 땠던 시절이 있었죠. 연탄에 얽힌 추억을 떠올려볼까요? 연탄불에 가래떡이나 오징어를 구워 먹던 기억, 뜨뜻한 아랫목 이불 속으로 꽁꽁 언 손발을 밀어 넣고 녹였던 기억, 연탄불에 운동화를 말리다가 누렇게 태웠던 기억, 연탄가스를 마시고 황천길 문 앞까지 갔던 기억도 나네요. 『행복은 성적순이 아니잖아요』, 『나보다 작은 형』과 같은 작품으로 유명한 임정진 작가의 따뜻한 글과 『담』으로 볼로냐 국제아동도서전에서 '라가치상'을 수상한 지경애 삽화가의 부드러운 그림이 잘 어우러진 포근하고 정겨운 그림책입니다.

탄광촌 사택에 살던 영순이네 가족은 갱도가 무너지는 큰 사고로 다리를 다친 아버지가 더 이상 광부 일을 할 수 없게 되자 서울의 산동네로 이사를 합니다. 영순이 자매는 멋진 회사원의 딸들이 아닌 '연탄집' 딸들이 되었지요. 영순이는 엄마를 대신하여 동생들을 돌보고, 때로는 아빠가 끄는 연탄 배달 리어카를 밀고 가파른 비탈길을 오릅니다.

연탄 값이 없어 냉방에서 주무신 할머니 손님의 건강부터 걱정하는 영순이 아버지의 마음이 연탄불의 온기처럼 훈훈합니다. 어린 나이에도 의젓하게 부모님을 돕는 영순이의 모습에서는 수많은 맏딸의 희생과 애환이 겹쳐 보이네요. 실화 같은 이야기와 화선지 질감의 종이에 아련한 느낌으로 채색된 그림들은 빛바랜 사진첩을 보는 듯 지나간 시절 속으로 우리를 데려갑니다.

『짜장면 왔습니다!』 진수경 글·그림 | 책읽는곰 | 2017

어릴 적 처음 먹어본 짜장면은 꿀맛이었어요. 지금은 흔한 음식이지만 예전에는 특별한 날 가족들이 함께 설레는 마음으로 먹었죠. 이 그림책은 짜장면에 얽힌 사연을 귀엽고 친근한 느낌의 그림들과 함께 옛날이야기처럼 들려줍니다.

화자의 외할아버지인 아꿍은 백여 년 전 일자리를 찾아 중국 산둥에서 인천 제물포로 건너온 화교 집안의 장남입니다. 그는 어려운 가정 형편 때문에 일찍부터 중국

음식점에서 일을 시작해요. 화교 마을에서는 고향의 맛을 살린 '자지앙미엔'이라는 갈색 국수를 만들어 먹었는데, 주변의 한국인과 서양인 들에게도 인기가 많았어요. 이후 검은 춘장을 섞어 더 달짝지근한 '짜장면'으로 변화했지요. 아꿍은 성실함과 뛰어난 요리 실력을 인정받아 주방장이 됩니다. 펼침면 가득 아꿍이 머리 위로 기다란 면발을 돌리는 모습은 신기한 마술 같습니다. 문득 동네 중국집 앞에서 면발 반죽하는 모습을 넋 놓고 바라봤던 옛 추억이 떠오르네요.

중국에 공산주의 정부가 들어서면서 한국과 중국의 외교가 단절되고, 잠시 고향을 방문하러 갔던 아꿍의 부모님과 동생은 돌아오지 못합니다. 아꿍은 슬픔을 딛고 한국전쟁으로 폐허가 된 곳에서 중국 음식점을 열었어요. 밀물처럼 이주해 왔던 수많은 화교가 썰물처럼 떠나갔지만, 아꿍은 이 땅에 뿌리를 내리고 오래도록 한국인의 입맛에 맞는 짜장면을 만들었어요.

『사진관집 상구』

유애로 글·그림 | 유석영 사진 | 보림 | 2018

클래식한 수동 카메라와 갓 인화한 사진을 널고 있는 소년의 뒷모습을 담은 표지 그림을 보니 재미있는 이야기의 예고편을 본 듯 두근거리네요. 표지를 넘기면 금강에 포근하게 둘러싸인 강경 지도가 펼쳐져요. 강경을 대표하는 젓갈 가게들이 나루터 옆에 있고, 강경 읍내 가운데쯤에 상구네 사진관이 있어요. 개구쟁이 상구를 따라 옛날 사진관으로, 시끌벅적한 장터로, 한여름 수박밭으로 달려가볼까요?

상구는 마을 최초이자 유일한 사진관집 아들이랍니다. 상구의 아버지는 늘 바빠요. 입학식, 졸업식, 운동회 등 학교와 마을의 온갖 행사를 쫓아다니며 사진을 찍기 때문이죠. 상구는 아버지와 함께 사진을 찍고 사진 이야기를 나누는 것이 무척 좋았어요. 특히 암실에서 사진을 인화하는 과정은 신기한 마법이었죠. 필름을 확대기에 끼우고 종이(인화지)에 빛을 쪼인 후 이상한 물(현상액)에 넣어 흔들면, 아무것도 없던 종이에 서서히 그림(사진)이 나타나지요.

작가는 주인공 상구를 통해 자신의 어린 시절과 한국인 최초로 강경에 사진관을 세워 운영했던 아버지 유석영의 이야기를 들려줍니다. 아버지가 남긴 흑백사진 속에는 가족에 대한 애정이 흠뻑 담겨 있고, 강경의 옛 풍경과 소소한 역사가 기록되어 있어요. 작가의 섬세하고 정감 어린 그림들은 아버지의 사진들과 함께 아름다운 하모니를 이룹니다.

『만리동 이발소』 한주리 글·그림 | 소동 | 2023

만리동 고개 한 귀퉁이에 100년의 세월을 고스란히 간직한 채 묵묵히 서 있는 '성우 이용원'은 서울에서 가장 오래된 이발소랍니다. 사라져가는 것들을 지키고 싶었던 한주리 작가는 약 3년 동안 성우 이용원의 모든 모습을 정성을 다하여 그렸습니다. 그림책을 펼치면 작가의 애틋한 마음이 오롯이 전해지고, 어릴 적 이발소를 다

녀온 아버지에게서 풍겼던 청량한 비누 냄새가 코끝을 맴도는 것 같아요.

　아침이 밝으면 성우 이용원의 손님맞이 청소가 시작되지요. 느리지만 경건한 준비를 마칠 즈음 첫 손님이 낡은 문을 열고 들어옵니다. 가운을 두르고, 솔로 풍성한 거품을 바른 뒤, 크고 작은 여러 가위를 사용하여 머리를 자릅니다. 골동품 같은 이발 도구들은 이발사의 손끝에서 현란하게 움직이며 제 역할을 다합니다. 이발사는 외할아버지와 아버지가 그랬듯이 면도칼을 가죽 피대에 쓱쓱 문질러 날을 세워 사용합니다. 꾸벅꾸벅 졸면서 마음 놓고 이발과 면도를 맡기는 오랜 단골 중에는 재벌 회장도, 유명 인사도, 고인이 된 국회의원도 있지요.

　작가가 여러 면에 걸쳐 공들여 그린 수많은 사람의 얼굴 모자이크는 성우 이용원의 오랜 역사와 소중한 가치를 증명하려는 듯 강렬한 인상을 줍니다. 안전상의 문제로 리모델링을 해서 겉모습은 달라졌지만, 성우 이용원의 삼색등은 여전히 뱅글뱅글 돌아가고 있습니다.

삶을 담아요

추억 만나기

그림에 적힌 그림책 제목이나 내용과 관련하여 떠오르는 추억을 써보세요.

4장

그리움을
뒤로한 채 겨울,
겨울 눈

『기억 상자』
조애너 롤랜드 글 | 테아 베이커 그림 | 신형건 옮김 | 보물창고 | 2023

소중해서 남아 있는 기억과
남아 있어서 소중한 기억

손효순

표지의 선명한 빨간색 풍선이 매우 인상적입니다. 바람 부는 언덕의 풀밭에서 한 소녀가 날아가는 풍선을 향해 손을 뻗습니다. 풍선을 놓아버린 건지 아니면 놓친 건지 알 수가 없습니다. 책장을 넘기자 "풍선을 절대로 놓치고 싶지 않아서 꼭 잡으려고 애썼다"라는 글이 나와 실수로 놓쳤다는 걸 알았습니다. 풍선은 바람을 타고 나무보다 높이, 구름 위로, 볼 수 없는 곳까지 멀리 날아갑니다. 소녀는 그런 풍선 때문에 슬프기는 하지만 언제든 다른 풍선을 얻을 수 있다는 생각에 많이 슬프지는 않다고 스스로를 위로합니다. 책 제목인 '기억 상자'를 의식하고 날아가는 풍선을 바라보니 풍선의 선명한 빨간색은 희미해지는 기억과 대조됩니다.

언덕의 묘지에 꽃을 바치는 소녀를 보니 누군가와 이별한 듯합니다. '애도에 관한 책'이라는 부제가 달린 이 책은 이별 후 기억에 대해 말합니다. 죽음으로 사랑하는 사람과의 이별을 겪은 후, 가끔은 함께 있는 것처럼 서로 부둥켜

살면서 어쩔 수 없이 마주하는 이별은
남은 사람에게 견디기 힘든 절망을 안겨줍니다.
저마다의 사연에 따라 견뎌야 하는
무게감이 다르기에
이별에 대처하는 방법에 대해서는
그 누구도 함부로 말할 수 없습니다.

ⓒ 조애너 롤랜드, 테아 베이커, 보물창고

안고 다시는 놓아주지 않는 상상을 합니다. 그렇지만 시간이 지나면 희미해지는 기억으로 어쩔 수 없이 떠난 사람을 잊게 될 것입니다. 우리가 가장 두려워하는 것 또한 떠난 사람을 점점 잊게 된다는 사실 아닐까요?

살면서 어쩔 수 없이 마주하는 이별은 남은 사람에게는 견디기 힘든 절망을 안겨줍니다. 아무 때나 찾아오는 슬픔과 그리움은 겪어보지 않은 사람은 모릅니다. 주위에서 누군가 위로를 건네기도 하지만 소용없습니다. 저마다의 사연에 따라 각자 견뎌야 하는 무게감이 다르기에 이별에 대처하는 방법에 대해서는 그 누구도 함부로 말할 수 없습니다.

책에서는 이별 후 잊히는 두려움을 이겨내는 방법으로 '기억 상자'를 만듭니다. 남아 있는 가족들은 떠난 사람을 잊지 않기 위해 기억 상자에 같이 갔던 곳의 사진이나 사소한 기념품 등을 넣어 추억하며, 함께 여행한 곳도 찾아갑니다. 사랑하는 사람을 떠나보낸 고통과 절망 속에서 다시 일상으로 돌아올 수 있도록 해준 것은 결국 함께했던 추억에 관한 기억이었습니다.

책은 파스텔톤의 편안한 컬러와 화려하지 않은 그림으로 인물의 울고 웃는 표정을 따라갈 수 있도록 잔잔하게 보여주어 애도에 대한 몰입을 방해하지 않습니다. 다시 표지로 돌아와 제목을 손으로 만져보니 '기억 상자' 네 글자는 살짝 도드라진 질감으로 표현되어 눈을 감고도 느낄 수가 있습니다. 기억은 그런 것 아닐까요?

책을 읽다 보면 책 속의 화자인 '나'는 어느새 '내'가 되고, 떠나버린 '당신'은 각자의 곁을 떠난 소중한 누군가가 되어 있을 것입니다. 떠난 누군가를 기억할 수 있는 추억이 많았으면 좋겠습니다. 그리고 오랜 시간이 지나도 기억 상자에 남아 있는 그 사람과 함께한 시간이 늘 반짝였으면 합니다.

함께 읽어요

평생 간직하고 싶은 소중한 기억

'기억'이라는 단어를 '다음' 포털 사전에서 찾아보니 "과거의 사물에 대한 것이나 지식 따위를 머릿속에 새겨 두어 보존하거나 되살려 생각해 냄"이라고 적혀 있습니다. 기억은 머릿속에만 있습니다. 기억은 만지거나 볼 수 없으니 아무리 그리워도 머릿속의 추억을 끄집어내는 것으로 만족해야 합니다. 잊지 않으려고 억지로 붙잡고 있을 수도 없고, 싫다고 강제로 지울 수도 없습니다. 가끔은 정확하지 않기도 하고, 서로 섞이거나 왜곡되어 남아 있기도 합니다. 그렇더라도 평생 잊지 않고 소중히 간직하고 싶은 기억은 누구나 있을 것입니다. 그런 기억을 담아 존경과 감사를 전하는 그림책을 만나봅니다.

『그린다는 것』

이세 히데코 글·그림 | 황진희 옮김 | 천개의바람 | 2023

시대도 국적도 다른 빈센트 반 고흐와 미야자와 겐지를 얼마나 사랑하기에 이렇게 표현했을까요? 표지는 빈센트 반 고흐의 <고흐의 방>을 오마주합니다. 작가는 고흐의 <해바라기>와 <낡은 구두>에 화가인 자신을 표현하기 위해 물감과 붓, 캔버스, 스케치북 등도 그려 넣었습니다.

"다시 여행길에 나섰다"라는 첫 문장은 작가가 여행 중임을 강조합니다. 여행길에서 달을 훔치고, 저녁노을의 빨강을 얻었으며, 시든 해바라기에서 무서움을 느끼고, 석양의 역광을 통해 "그리고 싶다"라고 합니다. 무작정 편지를 쓰고, 미술관에 가고, 기차 여행을 하면서 두 예술가 빈센트 반 고흐와 미야자와 겐지를 그리워하며 마주합니다.

작가는 그렇게 다녀온 여행길에서 "오늘의 기억을 정리하다 보니, 어제의 기억이 훅 떠오른다"라고 하며 색감 없는 연필 스케치로 어린 시절의 기억을 불러냅니다. 그 기억은 지금의 작가와 "어제와 오늘은 이어져 있다"라는 말로 연결됩니다. 그리고 작가는 좋아하는 하늘을 바라보며 "기억은 하늘로 연결되어 있다"라고 말함으로써 두 예술가를 연결하여 기억합니다.

마지막 장에서 작가는 캔버스 안으로 들어가고, 캔버스 밖에는 의자만 남습니다. 다시 고흐를 기억하는 의자처럼 말이죠.

『리시의 다이어리』 엘런 델랑어 글 | 일라리아 차넬라토 그림
김영진 옮김 | 주니어RHK | 2021

할머니의 생일날 손녀인 리시가 생일 선물로 꽃다발과 일기장을 들고 찾아옵니다. 꽃다발은 금이 간 할머니의 꽃병에 꽂히고, 일기장은 리시와 할머니에게 누군가의 어린 시절 추억을 함께 읽어보게 합니다. 그 일기에는 겨울이 되어 아빠와 함께 스케이트를 타는 소녀의 설

렘과 빙판의 오리를 구한 긴장감이 고스란히 묻어 있습니다. 또 어떤 날은 꺾어 온 예쁜 들꽃을 꽂으려다 실수로 꽃병을 깨뜨린 일, 깨진 꽃병을 몰래 붙여놓고 엄마에게 언제 말할까 고민하던 일 등 책을 읽는 이들에게도 있을 법한 추억으로 우리의 기억을 소환합니다.

짐작하셨지요? 일기 속 이야기의 주인공은 할머니였습니다. 할머니에게도 리시만 한 어린 시절이 있었지요. 그 시절의 이야기입니다. 또 한 가지 눈치채셨는지요? 일기에 등장한 깨진 꽃병이 할머니가 리시에게 받은 꽃을 꽂은 꽃병임을요.

파스텔톤의 부드러운 색감으로 표현한 그림은 할머니와 리시의 마음이 서로 잘 전달되고 있음을 느끼게 합니다. 할머니의 일기장은 리시에게는 할머니와 함께 공감할 수 있는 현재가 되어주고, 할머니에게 리시는 소중한 어린 시절 기억을 불러오는 과거가 되어줍니다.

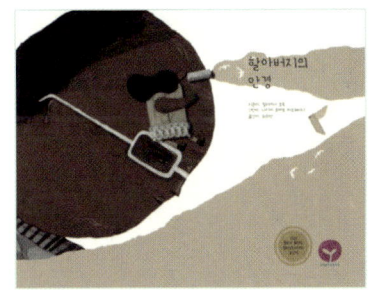

『할아버지의 안경』 릴리아나 보독 글
나디아 로메로 마르체시니 그림 | 최희선 옮김 | 라플란타 | 2022

할아버지에게는 세 개의 안경이 있습니다. 세상에 별일 없는지 지켜보는 안경, 중요한 일을 자세히 보는 작은 안경, 있는 그대로 바라보는 안경.

아르헨티나의 베스트셀러 소설가인 작가는 안경을 통해 이탈리아 이민자인 할아버지를 기억합니다. 어렸을 때 보았던 세 개의 할아버지 안경은 어른이 된 작가에게 할아버지가 알려주신 가르침을 기억나게 합니다. 안경으로 멀리 보는 방법, 가까이 보는 방법, 그리고 그대로 보는 방법은 손녀가 세상과 삶을 대하는 방법과도 통합니다.

한 편의 시처럼 느껴지는 간결한 언어는 너무 간결해서 오히려 많은 생각을 하게 하며 책장을 넘기지 못하고 머무르게 합니다. 그림은 더합니다. 단추와 집게, 나무토막과 끈 등 주변 사물을 이용한 콜라주 기법의 그림은 볼거리가 많아서 뒤로 넘긴 책장을 다시 앞으로 넘기게 하는군요. 그러나 머물 수만은 없습니다. 책에 자주 등장하는 정겨운 종이 돛단배를 어서 따라가야 합니다. 할아버지와의 추억을 따라가듯이요. 그렇게 기억은 머물기도 하고 흐르기도 하나 봅니다.

『할머니 머릿속에 가을이 오면』 다그마 H. 뮐러 글
베레나 발하우스 그림 | 김경연 옮김 | 주니어김영사 | 2007

알츠하이머병, '머릿속의 가을'이라고 부르는 치매로 가족의 보살핌이 필요하게 된 파올라의 할머니 이야기입니다. 어느 날 갑자기 가족을 기억하지 못한다거나, 커피 끓이는 법을 잊어버린다거나, 세탁기 사용법을 모른다거나, 젊었을 때 어떤 직업을 가졌는지 모른다거나 하면 얼마나 당황스러울까요? 오래전 일은 기억하면서 조금 전 일어난 일은 금방 잊어버린다거나, 블라우스를 입으려고 했는지 벗으려고 했는지 기억하려고 애써야 한다면, 바라보는 가족의 마음은 또 얼마나 안타까울까요?

가을바람에 하나둘씩 기억이 날아가는 알츠하이머병에 걸린 할머니와 그것을 지켜보는 손녀 파올라를 따라가봅니다. 할머니의 증상을 과장되지 않게 표현하기 위해 다소 긴 글로 이야기를 풀어내지만, 충분히 공감하다 보면 지루하지 않습니다. 그림 역시 파올라와 할머니를 간결하면서도 귀염성 있게 표현하고, 사각의 틀은 있되 조금씩 벗어나게 그림들을 배치함으로써 알츠하이머병을 '일상의 틀을 살짝 벗어남'이라고 표현하는 듯하여 주제의 무거움을 덜어냈습니다.

머릿속의 가을, 두렵고 안타깝지만 평생을 가족들을 위해 살아온 할머니에게 이제는 가족들이 빛을 더해줄 차례입니다.

삶을 담아요

추억을 노래로 만들기

인생에서 가장 인상 깊었던 일을 기억해보고, 그 기억을 익숙한 노랫말로 개사해서 불러보세요.

예시)

원곡:
비행기

떴다 떴다 비행기
날아라 날아라
높이 높이 날아라
우리 비행기

개사곡:
내 이름

떴다 떴다 내 이름
방송에 신문에
높이 높이 떴구나
큼직한 내 이름

원곡:

개사곡:

『겨울, 나무』

김장성 글 | 정유정 그림 | 이야기꽃 | 2020

삶의 겨울을 지나는 그대에게

김정해

 봄, 여름, 가을, 겨울, 섬세한 시선으로 오랫동안 관찰하고서야 알아낼 수 있는 나무의 본질을 깊이 있게 통찰한 감동적인 시 그림책입니다. 꽃, 잎사귀, 나뭇등걸, 뿌리, 열매, 계절을 은은한 수채화로 그려낸 그림 작가의 탁월한 묘사도 잘 어우러집니다. 『겨울, 나무』 덕분에 꽃도 열매도 낙엽도 떠난 벚나무의 몸체를 자세히 들여다보는 시간을 갖습니다. 멋진 그림책을 통하여 존재의 실제와 본연의 아름다움을 느껴봅니다.

 그림책에는 아가의 볼처럼 화사한 벚꽃(봄), 소년의 빛 신록(여름), 장년의 노을빛 단풍(가을), 노년의 푸른빛(겨울)으로 나무의 사계절이 잘 그려져 있습니다. 나무가 애써 줄기를 뻗어낼 때와 가지를 가르려는 순간을 생각하면 마음이 아려옵니다. 삶의 기로에 섰던 순간, 애쓰며 도약해야 하는지, 힘을 빼고 때를 기다려야 하는지, 잠 못 이루며 고민하던 때가 떠올라 잠시 숨을 들이쉬고, 꽃도 잎도 열매도 아닌 저 나무가 햇살을 받으며 황홀하게 빛나는 장면에서는 안도

무언가를 키우고 지키느라 가려져 있다가
마침내 자신을 찾은 겨울나무 같은 사람,
뿌리와 줄기와 가지처럼 기본을 지키며
자기답게 살고자 버텨온 모든 이를 위한 그림책입니다.

의 숨을 내쉽니다.

 나무의 겨울이 황량함이나 쓸쓸함이 아닌 초연한 아름다움으로 그려져 온기가 느껴집니다. 무언가를 받치거나 내거나 키우고 지키느라 가려져 있다가 마침내 자신을 찾은 겨울나무 같은 사람, 뿌리와 줄기와 가지처럼 기본을 지키며 자기답게 살고자 버텨온 모든 이를 위한 그림책입니다. 어린아이나 청장년 누구나 자기의 시간을 살아가는 동안 기쁜 일도 겪고 슬픈 일도 겪지요. 작가는 자신에게 주어진 삶을 묵묵히 견디며 살아내는 모든 존재를 『겨울, 나무』로 응원하고 있습니다.

 김장성 작가는 『민들레는 민들레』로 2015년 볼로냐 국제아동도서전에서 '라가치상'을 받았고 모든 존재에 대한 따뜻한 시선을 담아 독자들이 스스로 질문하며 생각하게 하는 그림책을 만들고 있습니다. 사회의 올바른 가치가 실현되도록 하는 데 그림책이 영향을 줄 수 있다는 신념으로 책을 만들고, 타인을 차별하지 않으며 주변의 어떤 상황에서도 본연의 모습을 지켜나가는 주인공을 조명합니다. 그가 그림책으로 빚어내는 선한 가치가 널리 공유되어 우리 모두 뿌리 깊은 나무가 되고 겨울나무처럼 빛날 수 있기를 꿈꾸어봅니다.

함께 읽어요

겨울, 또 다른 시작

인생을 종종 계절에 비유합니다. 그때, 겨울은 끝을 의미하고 삶에서는 노년을 뜻하지요. 배우 윤여정은 "육십이 되어도 몰라요. 이게 내가 처음 살아보는 거 잖아요"라고 말합니다. 노년도 처음 살아보는 것이기에 시작입니다. 세상살이가 처음인 어린아이들을 많이 응원해주고, 사랑해주듯이 노년이 처음인 사람들도 힘과 용기를 낼 수 있도록 응원해주어야 합니다. 그들에게 힘이 될 그림책을 소개합니다.

『천하무적 영자 씨』 이화경 글·그림 | 달그림 | 2020

이화경 작가가 할머니를 소재로 쓴 그림책입니다. 작가는 한여름에 아이스크림 가게에서 할머니와 아빠, 오빠와 수다를 떨었고, 그해 가장 큰 목표가 그림책 출간이었지만, 할머니 이야기가 실제로 나오게 될 줄은 몰랐다고 합니다. 환하고 친근한 색인 노랑, 빨강, 파랑으로 시작되는 표지에서는 영자 씨의 얼굴이 반쪽만 보입니다. 빨간 파마머리와 파란 얼굴 속

흰자위의 검은 눈동자, 하얀색 입매……. 뒤표지를 펼치면 영자 씨의 온전한 얼굴을 볼 수 있습니다. 갈매기 주름이 잡힌 이마 아래로 높이 올려다보는 눈은 세월을 가늠하는 듯하고, 올라간 입꼬리는 "세월 너쯤이야!"라고 하는 것 같습니다.

영자 씨는 세월의 도전 앞에 닦지 않아도 썩지 않는 틀니와 깨알 같은 글자도 읽을 수 있는 돋보기와 든든한 다리가 되어줄 구르는 다리를 준비하고 매일 아침 반짝 눈을 뜹니다. 주인공은 세상의 모든 어머니이며 우리 엄마입니다. 매일 아침 혼자서 눈을 뜨고, 병원을 자식 집보다 더 자주 드나들지만 세월에 주눅 들지 않고 단단히 마음먹는 또 다른 영자 씨이지요. 엄마의 눈 속에서 젊은 영자 씨가 웃고 있습니다.

『괜찮아 아저씨』 김경희 글·그림 | 비룡소 | 2017

어느 마을에 '괜찮아 아저씨'가 살고 있었습니다. 아저씨는 얼마 남지 않은 머리카락으로 멋지게 치장하기를 좋아합니다. 머리 모양새는 기발합니다. 열 가닥 곧추세우기, 아홉 가닥 세 겹으로 묶기, 여덟 가닥 가르마 타기, 일곱 가닥 꼬기, 여섯 가닥 땋기, 세 가닥 핀 꽂기, 두 가닥 더듬이 만들기, 한 가닥 리본 달기, 마침내 빛나는 대머리에 꽃관 두르기! 어떡하든 만족합니다. 이래도 저래도 '괜찮아 아저씨'는 매일 행복합니다.

사람들은 머리 모양에 신경을 많이 씁니다. 더욱이 모발이 풍성하지 않으면 탈모에 관한 여러 방비책을 찾아 나서기도 하지요. 머리카락을 한 올이라도 잃지 않으려 약을 먹고 고가의 샴푸를 쓰고 모발을 심는 등 머리카락 돌보기에 비용과 시간을 들이며 고군분투합니다. 그러나 결과는 대체로 불만족스럽습니다. 이 책의 주인공 '괜찮아 아저씨'는 빠져서 없어지는 머리카락은 아랑곳하지 않습니다. 남은 머리카락으로 즐거움을 가꾸어나가지요. 아저씨는 여하튼 행복을 선택합니다. 이제부터는 나도 '괜찮아 아저씨' 뒤에 줄 서렵니다!

『진정한 일곱 살』

허은미 글 | 오정택 그림 | 만만한책방 | 2017

표지에는 일곱 살 어린이가 썼을 법한 글씨로 '일' 자의 'ㄹ' 받침이 거꾸로 된 채 '진정한 일곱 살'이라고 적혀 있고, 빨간색 쫄쫄이 복장에 검정 아이마스크를 한 배트맨이 익살스럽게 그려져 있습니다. 영웅의 키를 훌쩍 넘는 파란색 숫자 '7' 아래로 배트맨이 날아가는 모습에 동심이 깨어났습니다.

진정한 일곱 살이 되려면 이도 하나 빠져야 하고, 채소도 고루 먹을 수 있어야 하고, 애완동물도 잘 돌볼 줄 알아야 하며, 마음이 통하는 단짝 친구도 있어야 하고, 양보할 줄도 알아야 한다는데……. 글쎄요? 일흔 살에게도 어려운 주문일 것 같습니다. 나이가 많아도 관리가 마음처럼 되지 않고, 싫은 음식은 여전히 싫으며, 내가 더 돌봄을 받고 싶고, 있는 짝마저 원수가 되기도 하고, 나에게 소중한 걸 다른 이에게 양보하는 건 더더욱 어려우니 말입니다. 불쑥 솟던 용기는 사진첩에 묻힌 추억처럼 꺼내기가 쉽지 않네요. 그런데 마지막 장에 "괜찮아"라고 쓰여 있습니다. 진정한 일곱 살이 아니면 진정한 여덟 살이 되면 되고, 또 안 되면 진정한 열 살이 되면 되고, 마음먹은 대로 되지 않아도 된다고 다독여주니 마음이 말랑해집니다. 참 고마운 말입니다. "괜찮아요, 언제까지나."

『마음먹기』 자현 글 | 차영경 그림 | 달그림 | 2020

한 손에 쏙 들어오는 정사각형 그림책이 안정감을 줍니다. 표지를 봅니다. 마름모꼴의 흰색 테이블보 위에 푸른 점선 테두리가 시선을 끄는 원형 접시, 그 가운데 하트 모양의 노랑 마음이 환한 얼굴로 인사합니다.

도대체 마음을 어떻게 요리해서 어떻게 먹는다는 걸까요? "사람들은 나를 가지고 요리조리 합니다"라는 말이 귀엽습니다. '마음담' 메뉴판의 다섯 가지 구성과 열다섯 가지 내용이 독자의 입꼬리를 들어 올립니다. 인기 절정 메뉴인 '마음찜'(좋아하는 사람이 생겼을 때), '마음전'(마음을 전하고 싶을 때) 등 메뉴판을 누비는 작가의 반짝이는 창의성에 눈을 질끈 감게 됩니다. 메뉴판 뒤로 이어지는 열 가지의 마음 요리법은 우리네의 변화무쌍한 마음을 재미있게 표현해놓았습니다. 그림 작가는 글 작가와 쌍둥이 마음을 가졌나 봅니다. 그림 역시 기발한 아이디어가 번뜩이는 마음 모양으로 눈이 즐겁습니다. 그럼 '마음담' 메뉴를 맛보러 들어가볼까요? 완성된 17개 접시의 마음 요리에 뒤따르는 17가지 표정들! 글 작가와 그림 작가의 재치에 독자의 마음이 먹혀버릴지도 모르니 조심히 읽기를 바랍니다.

삶을 담아요

나무 사진 찍고 한마디 건네기

집 밖으로 나가 혼자 서 있는 나무, 물에 비친 나무, 잔가지로 하늘을 가르는 나무 등을 사진으로 찍어보세요. 그 나무에게 건네고 싶은 말을 적어보세요.

『모든 주름에는 스토리가 있다』
다비드 그로스만 글 | 안나 마시니 그림 | 황유진 옮김 | 샘터 | 2021

나이테, 삶을 기억하는
또 다른 이야기

오현아

"할아버지, 얼굴에 있는 주름은 어쩌다 생긴 거예요?" 손자의 천진한 물음으로 이 책은 시작됩니다. 나이 들면 당연하게 생기는 주름이지만, 어떻게 하다 생긴 것이냐는 아이의 질문에 할아버지는 잠시 감상에 젖지요.

"어떤 주름은 나이 들어 생기지. 또 어떤 주름은 사는 동안 일어나는 온갖 일 때문에 생긴단다. 행복한 일과 슬픈 일 때문에 말이다." 주름을 만지는 손자의 다정하고 사랑스러운 손길을 따라 할아버지는 세월을 살아가며 생겨나는 주름에는 행복과 슬픔, 그리고 한 사람의 살아온 이야기가 담겨 있다는 것을 알려줍니다. 할아버지는 아내의 죽음처럼 깊은 슬픔으로 생긴 주름도, 손자의 탄생 같은 행복한 순간의 미소로 생긴 주름도, 그리고 커다란 분노로 생긴 주름도 있다고 말해요.

이스라엘 현대 문학을 대표하는 작가이자 노벨문학상 후보로 지명될 만큼 세계적인 명성을 지닌 다비드 그로스만은 이 그림책을 통해 어른과 아이 모두

© 다비드 그로스만, 안나 마시니, 샘터

할아버지가 크게 소리 내어 웃었어요.
"주름이 어떻게 하다 생겼냐고?
그런 질문을 한 사람은 네가 처음이구나."

를 위한 삶의 이야기를 다정하게 건넵니다. 안나 마시니 작가의 서정적인 그림은 따뜻한 그의 글과 만나서 주름에 걸려 있는 삶에 대한 깊은 이야기를 조곤조곤 풀어서 보여주지요. 은유적이고 서정적인 그림으로 표현된 이 책은 기억을 담고 살아간다는 게, 나이 든다는 게 얼마나 경이로운 일인지 느끼게 합니다.

손거울을 찾아 얼굴을 들여다봅니다. 언제 어떻게 주름이 생겼는지 기억나지 않지만 내가 만든 건 분명하지요. 사는 동안에 말입니다. 웃을 때 생기는 눈가의 잔주름, 찡그릴 때 생기는 심술 맞은 미간 주름, 미소 지을 때 맺히는 입가에 걸린 다정한 주름도 보입니다. 가장 미운 얼굴로 찡그리며 노려보니 보이지 않던 오만가지 주름이 얼굴 가득 그어집니다. 두 손으로 주름진 얼굴을 살살 문지르며 생각해봅니다. 나이테가 나무의 생장과 자라온 환경을 보여주듯, 사람의 주름도 살아온 이야기를 담고 있다고요. 사실주의 기법으로 그린 동판화 〈기도하는 손〉은 알브레히트 뒤러 작가의 1508년 작품으로 주름지고 옹이 박힌 거친 두 손을 모아 기도하는 그림입니다. 뒤러 작가가 화가로 성장할 수 있도록 도운 친구의 기도하는 손을 스케치했다는 이야기가 후대에 덧붙여지면서 감동을 더하기도 했지만, 실은 〈기도하는 손〉을 바라보는 사람들이 저마다 자신의 아버지, 어머니를 떠올리며 손끝이 다 닳도록 헌신하신 사랑을 느낄 수 있기에 감동이 더한 것 아닐까요? 티 없는 섬섬옥수纖纖玉手를 부러워하면서도 주름진 손에서 삶의 수많은 이야기를 느끼고 경험하며 진정한 아름다움을 발견하는 건, 힘들 때마다 자신보다 누군가를 위해 두 손 모아 기도하는 경건함과 간절함을 알기 때문이겠지요.

주름, 삶의 나이테에 이왕이면 다정함과 따뜻함이 담기면 좋겠습니다. 우리들의 몸과 마음, 그리고 기억 속에서 저마다 고유한 문양을 그리는 주름이 '나이 듦'이라는 멋진 선물이 될 수 있도록 말입니다.

함께 읽어요

삶의 여정에서 만난 인연

우리는 거창하지도 사소하지도 않은 보통의 날이 얼마나 소중한지 세계적인 팬데믹을 겪으면서 느꼈습니다. 그리고 살아가면서 만난 인연들이 인생에서 가장 큰 자산이라는 것도 알았고요. 앞으로의 시간을 소중한 인연과 아름다운 이야기로 채워가기 위해 즐거움이나 그리움, 상처, 혹은 아쉬움이 남았던 여러 인연과의 이야기를 되짚어봅니다. 그리고 마침내 닿게 되겠지요. 삶이 흐르는 동안에 변함없이 따뜻한 눈으로 내 곁을 지켜주는 진짜 인연을요. 삶에서 마주하는 수많은 인연을 되짚어보게 하는 그림책을 소개합니다.

『함께』 루크 아담 호커 글·그림 | 김지연 옮김 | 반출판사 | 2021

한 노인이 개와 함께 집을 나섭니다. 도시의 리듬 속을 바삐 움직이는 사람들 사이로 노인과 개는 천천히 걸어갑니다. 어느 날, 도시 위로 거대한 먹구름이 몰려듭니다. 먹구름과 함께 드리운 그림자는 거리의 익숙한 풍경과 공기를 뒤흔들어 '혼란'과 '단절'이라는 낯섦을 낯익게 만듭니다. 모든 것들이 멈추자 어떤 이들은 불안의 공간을 욕심으로 채우고, 어떤 이들은 더 나은 나를 찾기 위한 기회로 삼습니다. 가장 힘들었던 그 시간이 지나고 멈추었던 것들이 천천히 움직이자, 다시 집을 나선 노인과 개는 그동안 보지 못했던 것을 보게 됩니다. 그가 바라보는 세상과 사람, 그리고 그 너머의 이야기들을요.

이 책은 2020년부터 우리가 함께 겪어야 했던 세계적인 팬데믹을 이야기하고 있습니다. 혼란과 단절의 일상, 그리고 그 너머에 대한 53개의 섬세하고 굵직한 펜 그림과 시적이고 철학적인 글로 이루어진 64페이지의 그림책입니다. 섬세한 펜화 묘사는 깊은 울림을 주며 페이지에 오랫동안 머물게 만듭니다. 그리고 길고 어두웠던 시간을 우리가 함께 걸어왔다는 것을 느끼게 합니다.

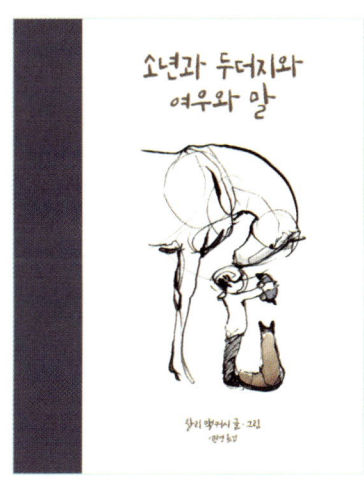

『소년과 두더지와 여우와 말』

찰리 맥커시 글·그림 | 이진경 옮김 | 상상의힘 | 2020

소년에게는 친구 두더지와 여우와 말이 있습니다. 삶이라는 여정 중에 만나게 된 인연입니다. 제일 먼저 친구가 된 건 수다스럽고 낙천적이며 케이크에 집착하는 두더지입니다. 참을성은 좀 부족해도 삶에 대한 통찰력이 뛰어나지요. 두 번째 친구는 덫에 걸려 깊게 상처 입은 여우입니다. 여우는 소년과 두더지의 도움으로 덫에서 빠져나올 수 있었고 서서히 상처도 치유됩니다. 세 번째 친구는 언제나 믿음직스럽고 든든한 말입니다. 말에게는 그만의 비밀스러운 꿈이 있었고 친구들에게만은 그의 꿈을 고백하지요.

이 그림책은 찰리 맥커시 작가의 아름다운 펜 그림과 네 친구의 대화 글이 어우러져 삶에 대한 깊은 성찰을 담고 있습니다. 그는 친구들과 삶에 관해 진지하게 이야기 나누기를 즐겼는데, 어느 날 '그동안 해왔던 가장 용감한 일'에 대한 이야기를 나누었다고 해요. 그러다가 가장 힘들었던 시기에 누군가에게 도움을 청했던 그 일이 자신에게 가장 용기 있는 일이었음을 깨닫게 되었고, 그 이야기를 그림으로 그려 인스타그램에 올리게 되었어요. 그리고 이 책이 탄생했죠. 이 책에 등장하는 소년과 두더지와 여우와 말은 삶에서 만나게 되는 친구의 모습이기도 하고, 삶이 흐르는 동안 발견하게 되는 나의 여러 모습이기도 합니다.

『100 인생 그림책』 하이케 팔러 글 | 발레리오 비달리 그림
김서정 옮김 | 사계절출판사 | 2019

세상에 태어나는 순간 우리는 모두 자기만의 삶의 이야기를 갖습니다. 비슷해 보여도 똑같은 삶은 하나도 없지요. 길이도 크기도 제각각이니까요. 0세부터 100세까지 100컷으로 보는 인생 그림책입니다. 이 책을 읽으면 누구든 자신의 살아온 이야기들을 가만가만 짚어보면서 '나는 지금 어디쯤을 살고 있을까?', '나는 이때 무엇을 했지?', '나는 살면서 무엇을 배웠을까?' 하는 질문을 던지게 됩니다.

작가 하이케 팔러는 갓 태어난 조카를 보며 이 책의 아이디어를 떠올렸다고 해요. 조카의 삶 앞에 펼쳐질 굉장한 일들에 부러움을 느끼면서도 살면서 겪어야 할 고통스러운 일 때문에 마음의 반은 아팠다고요. 그래서 그는 학생에게, 아흔 살 할머니에게, 명망 있는 사람에게, 명망을 잃은 사람에게, 기업 책임자에게, 시리아 난민 가족에게, 수많은 이들에게 살면서 무엇을 배웠는지 물어보았고 그들의 대답을 꾹꾹 눌러 책에 담았어요. 그의 짧고 담백한 글은 발레리오 비달리 작가의 감각적인 그림과 만나 자연스럽게 책 속으로 독자를 빠져들게 합니다. 나이별로 한 장씩 이어지는 삶의 이야기를 보면서 살아온 그때를 떠올리게 하고, 지나온 경험을 더듬으며 앞으로 살아갈 날에 대해 생각하게 합니다.

『자코미누스: 달과 철학을 사랑한 토끼』

레베카 도트르메르 글·그림 | 이경혜 옮김 | 다섯수레 | 2022

주인공 자코미누스의 생애를 담은 이 그림책은 매력적인 색감과 특유의 몽환적인 분위기, 대담한 화면 구성이 어우러져 모든 장면을 액자에 담아 걸어두고 싶을 만큼 섬세하고 아름다운 수작입니다. 커다란 그림 속에서 수많은 등장인물 사이에 그려진 그를 찾아내며 이야기를 따라가게도 하고, 확대된 채 홀로 있는 그림으로 그를 만나게도 하고, 빛바랜 스냅 사진으로 그의 생각과 경험을 들여다보게도 합니다.

"나의 소박한 삶이여, 나는 너를 많이 사랑했단다. 너는 나를 떨어뜨려 다리를 절게 하고 힘든 시간을 주었지만 나는 너를 정말로 사랑했어. 그리고 나의 늙음이여, 너도 알고 있니? 너는 정말로 겪어 볼 가치가 있다는 걸!" 어느 봄날에 꽃이 핀 아몬드 나무 아래에서 자신의 삶에게 조용히 읊조리는 그를 만나게 됩니다. 그리고 그가 꼼꼼히 기록해둔 '자코미누스 갱스보루의 풍요로운 시간들'을 보게 되지요. 그 목록에는 즐거운 시간도 있지만 슬프고 힘들었을 시간도 많아요. 그의 평범했던 날들, 그 위에 쌓여온 그의 시간들은 하나도 빠짐없이 모두 더해져 완결된 삶의 여정을 보여줍니다. 그렇게 이 책은 주인공 자코미누스의 삶을 거창하지도 사소하지도 않게 보여주며 우리의 삶과 겹쳐 보이게 합니다.

삶을 담아요

삶의 여정에서 만난 고마운 인연에게 편지 쓰기

삶의 여정에서 만난 여러 인연을 떠올려보세요. 내 삶에서 소중한 그 사람(혹은 대상)에게 고마움을 전해보세요.

『할머니의 뜰에서』

조던 스콧 글 | 시드니 스미스 그림 | 김지은 옮김 | 책읽는곰 | 2023

나의 바바,
나의 할머니

유주현

　아빠가 매일 새벽 나를 바바의 오두막집에 데려다주면, 나는 분주히 아침을 준비하는 바바의 부엌으로 들어갑니다. '바바'는 할머니를 뜻하는 폴란드어입니다. 흥얼흥얼 노래 부르고 춤추듯 움직이며 요리하는 바바. 나는 요리를 준비하는 바바를 바라보며 아침밥을 기다립니다. 바바의 텃밭에서 기른 비트와 양배추, 피클이 가득한, 수영장만큼 큰 아침 밥그릇. 전쟁의 배고픔을 겪은 바바는 내가 음식을 흘리면 다시 주워서 입을 맞추고 내게 건네줍니다. 나는 바바가 요리하는 모습을 바라보고, 바바는 내가 밥 먹는 모습을 바라보며, 우리는 말 없이 볼을 어루만지고 배시시 웃으며 서로를 느낍니다. 비 오는 날 학교에서 돌아오는 길에 바바와 나는 지렁이를 주워 와 바바의 텃밭에 내려놓고 흙으로 잘 덮어줍니다. 나는 지렁이가 흙에 공기와 물을 전달하며 더 기름지게 만들어준다는 작은 지혜를 바바에게 배웁니다. 이제 바바는 복도 끝, 내 옆방에 누워 있습니다. 나는 텃밭 대신 바바의 창가에 방울토마토 씨앗을 심어놓았습니

'바바'는 할머니를 뜻하는 폴란드어입니다.
나는 바바가 요리하는 모습을 바라보고,
바바는 내가 밥 먹는 모습을 바라보며,
우리는 말 없이 볼을 어루만지고
배시시 웃으며 서로를 느낍니다.

다. 그리고 바바를 위해 빗속으로 나가 내가 주울 수 있는 모든 지렁이를 주워 옵니다.

　조던 스콧 작가의 두 번째 자전적인 이야기인 『할머니의 뜰에서』는 폴란드 이민 가정에서 태어난 작가의 어린 시절 외할머니와의 추억을 이야기합니다. 영어가 서툰 할머니와 작가는 서로 말을 많이 하지 않았지만, 흐르는 강물처럼 손으로 몸으로 웃음으로 마음을 나누며 소리 없는 대화를 이어갑니다. 비누 조각을 모아두고, 온 집 안에 음식을 챙겨두고, 흘린 음식도 소중히 여기며, 텃밭에서 말이 통하지 않는 손자의 손바닥 손금을 가만히 만지며 전달하고자 한 할머니의 인생 교훈을 이제 작가도 아이들과 함께합니다.

　시드니 스미스 작가의 묵직하고 선명하고 부드러운 불투명 수채화(과슈 gouche)는 바바와 나의 일상을 깊이 있으면서도 밝고 따스한 분위기로 전달합니다. 이른 새벽, 고래 배처럼 보이는 산등성이 위로 비추는 햇살, 바바의 부엌에 들어서면 전해지는 온기, 요리하는 바바를 향해 쏟아지던 밝고 환한 햇빛, 하곳길 나와 바바의 발걸음이 함께하는 정원, 토마토, 오이, 당근 등 각종 채소 앞에서 지렁이를 땅에 내려놓고 흙으로 덮어주는 바바와 나의 일상은 경건하면서도 아름답습니다. 아른거리며 번지는 빛과 색은 말 없는 두 사람의 표정과 행동을 선명하고 부드러운 선으로 표현합니다. 말하지 않아도 전달되는 두 사람의 대화와 사랑이 물감을 따라 강물처럼 퍼지며 스며들 듯 전해집니다.

함께 읽어요

나와 할머니

학교가 끝나고 할머니 집으로 달려가면 '우리 강아지 왔느냐'며 할머니가 반겨주시고, 따뜻한 저녁밥이 나를 기다립니다. 할머니는 공부하라는 잔소리 대신 몰래 감춰둔 달달하고 맛난 사탕과 과자를 안겨주십니다. 할머니는 엄마였다가 요리사였다가 운전사이며, 때로는 재미난 상상 세계로 인도하는 이야기꾼이며, 세상을 살면서 알아야 할 지혜를 전해주는 지혜의 전달자입니다. 여기 사랑하는 할머니와 나의 이야기를 들려드립니다.

『할머니 엄마』 이지은 글·그림 | 웅진주니어 | 2016

엄마가 회사로 떠난 후 지은이는 울고, 할머니는 지은이를 달래느라 진땀을 흘립니다. 지은이는 할머니와 가족 모양 칼국수도 만들고, 재밌는 이야기도 하면서 시간을 보냅니다. 운동회 날, 엄마가 없어 심술 난 지은이를 달래며, 할머니는 소싯적 힘과 춤 실력을 보여주겠다며 큰소리를 치십니다. 달리기가 시작되고 지은이 가슴은 콩닥거립니다. 그러나 자신하던 할머니는 넘어지고 지은이네는 꼴등을 합니다. 시무룩한 지은이는 할머니에게 다시 젊어질 수 없느냐며 떼를 쓰고, 할머니는 지은이가 좋아하는 고로케를 몰래 사주면서 지은이를 달래준 뒤 고생한 엄마, 아빠를 위해 저녁상을 한가득 차리십니다.

화면 가득 색연필과 크레파스로 그린 인물의 다양한 움직임은 지은이와 할머니의 하루가 얼마나 즐거웠는지를 보여줍니다. 인물을 주변 사물보다 크거나 작게 그려 역동적인 움직임을 강조하고, 지은이의 기분에 따라 달라지는 머리 모양은 글의 분위기를 이끌어줍니다. 지은이와 할머니의 일상은 시끄럽고 바쁘지만, 부드러운 색연필 스케치는 이런 분주한 일상을 유쾌하고 즐거운 일상으로 그려냅니다. 국수 그릇에서 수영하는 가족 모양 국수, 가게 위를 헤엄치는 고등어, 지은이보다 키 큰 콩나물 꽃밭, 비행기만큼 거대한 닭……. 할머니와 지은이가 나누는 대화를 따라가면서 우리도 할머니의 재미난 이야기 속 상상 세계로 빠져들게 됩니다.

『우리 다시 언젠가 꼭』

팻 지틀로 밀러 글 | 이수지 그림·옮김 | 비룡소 | 2022

지금 당장 만날 수 없고, 안을 수 없는 보고 싶은 할머니. 아이는 '딱 바로 지금' 할머니가 보고 싶어서 슈퍼맨처럼 날아 할머니 집 문을 두드리고 싶은 마음뿐입니다. 엄마, 아빠는 일 때문에 데려다주실 수 없으니 할머니를 만날 방법을 연구해봅니다. 편지로 변신해 배달되는 상상도 해보고, 밤새 할머니와 통화를 하거나 컴퓨터를 켜고 연락할 방법도 생각해봅니다. 내가 만나러 가면 깜짝 놀랄 할머니를 생각하며 오늘도 마법의 주문을 외워봅니다. '우리 다시 언젠가 꼭!' 만나요.

아이는 할머니를 보고 싶고 만나고 싶어 끊임없이 조잘대며 만날 방법을 간구하고, 그림 작가는 아이의 바람을 다양한 재료와 기법으로 표현합니다. 아이의 감정, 목소리가 담긴 글자 크기의 변화, 장마다 다른 종이 색, 그리고 입체 컷의 모양 변화로 할머니가 보고 싶은 아이의 간절함은 극대화됩니다. 접지 면을 사이에 두고 아이와 할머니는 다른 색의 공간에 존재하고, 할머니가 존재하는 공간은 포근하고 따뜻한 색으로 그려집니다. 입체 컷의 둥근 구멍은 서로를 바라보는 망원경으로, 빗물은 그리움의 눈물로 그려지고요. 네모난 모니터 속에는 평소 할머니와 아이가 함께하던 일상이 그려집니다. 입체 컷은 다음 장면에 대한 궁금증을 유발하고, 나와 할머니가 멀리 떨어져 있다는 물리적 거리감을 느끼게 함과 동시에 뚫린 구멍 속으로 손을 넣어 할머니를 직접 만져보고 싶은 아이의 바람을 효과적으로 보여줍니다.

『행복을 나르는 버스』 맷 데 라 페냐 글
크리스티안 로빈슨 그림 | 김경미 옮김 | 비룡소 | 2016

시제이는 궁금증이 많은 아이입니다. 오늘도 교회를 나서자마자 할머니와 시제이는 버스를 타고 남들이 가지 않는 그곳을 향해 갑니다. 비에 젖는 것이 싫다는 시제이의 불만에 할머니는 비가 오는 이유는 나무가 굵은 빨대로 비를 마시기 때문이라고 답해주십니다. 자동

차가 왜 없느냐는 질문에 우리에게는 대신 마술을 보여주는 버스 기사 아저씨와 악어 버스가 있다고 재치 있게 설명해주십니다. 앞을 보지 못하는 아저씨를 만나 세상은 눈으로만 보지 않고 귀로도 코로도 볼 수 있다는 아름다운 진리를 배웁니다. 버스 안에서 기타 치는 아저씨가 노래를 시작하자 눈을 감고 세상을 바라보는 법을 알게 된 시제이는 가슴 벅찬 마법의 세계로 빠져듭니다. 낙서로 뒤덮이고 지저분한 창문과 상점 들이 가득한 거리에서, 늘 생각하지도 못한 곳에서 아름다움을 찾는 나의 신기한 할머니. 그곳 무료 급식소에서 낯익은 얼굴들과 인사하며 시제이는 즐거운 표정으로 할머니를 도와드리며 오늘도 성장합니다. 다양한 사람들의 표정과 생김새, 특징을 잘 포착한 그림은 할머니가 시제이에게 가르쳐주려는 사람들의 개성, 다양성, 그리고 인간에 대한 존중을 단순하면서도 간결하게 표현합니다.

『**겨울 이불**』 안녕달 글·그림 | 창비 | 2023

눈 오는 하굣길, 할머니 집에 들어서면서 겨울 점퍼와 겉옷을 모두 벗어버리고 아랫목 겨울 이불 속으로 들어갑니다. 동물 친구들이 즐겁게 수다 떨고, 따뜻한 바닥에서 뒹굴며 자고 있는 편안하고 아늑한 공간, 그 가장 깊은 곳에서 할머니, 할아버지가 반겨주십니다. 이불 속에는 곰돌이 아저씨가 운영하는 사우나도 있고, 달걀 장수 아저씨가 트럭 몰고 다니는 마을도 있고, 썰매를 타고 나가면 오들오들 떨 만큼 차가운 식혜 한 사발을 파는 강가도 나옵니다. 아이는 할머니가 까주는 달걀을 먹고 식혜를 마시며 스르륵 꿈나라로 빠져듭니다. 할머니 집 겨울 이불 속 세상은 따뜻하고 포근하고 배부르고 즐거워 학교에서 있었던 일을 다 털어놓으며 속마음까지 얘기할 수 있는 그런 곳, 일 나갔다 지쳐 배고프게 돌아온 엄마까지 따뜻하게 맞아주는 포근하고 친근한 위로의 공간입니다.

┌ 삶을 담아요

할머니와 나의 추억 이야기 풀기

어린 시절, 일하러 나간 엄마를 대신해 시골에서 올라오신 할머니가 우렁각시처럼 맛있는 요리를 한가득 해주고 가셨습니다. 어느 날, 하염없이 엄마를 기다리는 손녀에게 할머니는 맛있는 술빵을 만들어주겠다며 자신 있게 요리를 시작하셨습니다. 할머니와 함께 막걸리를 부어가며 맛있게 반죽을 하고 새로 산 밥솥에 반죽을 올리고 술빵을 쪘습니다. 그러나 웬일인지 할머니가 만든 술빵은 보슬보슬 부드럽게 부풀어 오르지 않았습니다. 할머니는 "반죽이 잘 못 됐나" 하시면서 다시 반죽을 하고 술빵을 찌고, 다시 반죽을 하고 술빵을 만드셨지만, 그날 할머니의 술빵은 끝내 부풀어 오르지 않았습니다. 한참이 지나서야 그날 할머니가 사용하신 밥솥은 엄마가 새로 산 '압력솥'이었음을 알게 됐습니다. 할머니가 돌아가시고 한참이 지났지만, 그날 손녀 앞에서 실력을 발휘하지 못해 당황해하시던 할머니의 얼굴은 아직도 잊히지 않습니다. 그리고 술빵 냄새를 맡으면 그날 할머니와 반죽하던 그 순간, 그 추억이 생각납니다.

여러분은 할머니와 어떤 추억이 있나요? 아이들, 손자, 손녀와 어떤 추억을 만들고 있나요? 그 이야기를 들려주세요.

『안녕, 코끼리』

로랑스 부르기뇽 글 | 로랑 시몽 그림 | 안의진 옮김 | 바람의아이들 | 2023

사랑하는 이를 마음속에 가두지 마세요

유수진

　사람마다 가까운 이의 죽음을 애도하는 방식이 다릅니다. 유명한 물리학자는 자신의 애도 경험을 TV 프로그램에서 이렇게 이야기했어요. 물리학자의 눈으로 보면 죽음은 가장 자연스러운 상태라는 거예요. 주변을 둘러보면 죽어 있는 것이 더 많다는 거지요. 원자였던 우리는 우연히 한데 모여 잠시 생명체로 살다가 다시 원자로 돌아간다면서요. 내 주변에 죽어 있는 많은 것들 가운데 그리운 이가 있다고 생각하면 조금은 견딜 수 있더라는 겁니다. 죽음을 가리켜 '돌아갔다'고 하는 것은 참으로 타당한 말입니다.

　하지만 아무리 죽음이 자연스러운 상태라고 하더라도 사랑하는 이와의 이별은 쉬운 일이 아닙니다. 사랑하는 코끼리를 보내는 생쥐에게도요. 『안녕, 코끼리』는 사랑하는 코끼리를 돌아오지 못할 그들의 세계로 떠나보내는 이야기입니다. 오래전에 출간되었던 『코끼리 할아버지』가 로랑 시몽 작가의 아름다운 그림과 함께 『안녕, 코끼리』라는 제목으로 새롭게 찾아왔습니다.

© 로랑스 부르기뇽, 로랑 시몽, 바람의아이들

이제 늙어서 눈도 잘 보이지 않고 빨리 걷는 것도 힘들어진 코끼리는 어느 날 생쥐에게 다리 건너 '코끼리 세계'를 보여주며 자신도 그 세계로 가야 할 것 같다고 합니다. 하지만 망가지고 끊어진 다리 앞에서 망연자실하죠. 늙고 뭉툭한 자기 다리로는 끊어진 다리를 고칠 수가 없었어요. 곧 코끼리가 떠날지도 모른다는 충격에 빠졌던 생쥐는 내심 안심하고는 슬쩍 모른 척합니다. 그리고 더욱 세심하게 코끼리를 돌봅니다. 어떤 돌봄이 완벽하고 최선인지는 서로 의견이 다를 수 있습니다. 비싸고 고급스러운 요양원에서 최상의 서비스를 받으며 지내는 것이 최선일 수도 있고, 사랑하는 이를 직접 보살피며 돌보는 것이 최선일 수도 있지요. 무엇이든 결국은 최대한 곁에 머물려는 마음입니다. 오래 머물기를 바라며 돌보는 것이지요.

하지만 돌봄이란 잘 떠나보내고 잘 떠나는 것일 수도 있습니다. 이제는 안경을 쓰고도 보지 못하고 좋아하는 음식도 먹지 못하고 한 걸음 내딛는 것도 힘들어진 코끼리를 보고 생쥐가 마음먹는 것처럼요. 뭉툭하지 않은 발과 젊음을 가진 생쥐는 무거운 코끼리가 건너도 무너지지 않을 만큼 튼튼하게 다리를 고칩니다. 마침내 코끼리와 생쥐는 "다 잘 될 거야"라는 인사를 나누고 헤어집니다. '잘 가'라거나 '잘 있으라'는 인사가 아니라 "다 잘 될 거야"라니요! 이 마지막 인사에 졸였던 마음이 탁 풀리면서 눈에는 눈물이 입가에는 미소가 번집니다.

가까운 이의 죽음을 경험한 직후에는 이토록 충격적이고 슬픈 일을 겪었는데 세상은 이전 그대로인 것에 배신감이 들기도 합니다. 나와 세상 사이에 보이지 않는 장막이 있는 것처럼 느껴지지요. 그러나 시간이 지나면 장막을 걷고 이전과 같은 세상을 살아갑니다. 평화로운 숲속에서 단잠에 빠진 생쥐처럼요. 공기와 바위와 흙에서 사랑하는 코끼리를 느꼈는지도 모르겠습니다. 흔히 '마음속에 살아 있다'는 말을 합니다. 하지만 이제는 마음에서 꺼내도 될 것 같네요. 늘 곁에 있는 수많은 죽어 있는 것들 속에 사랑하는 이들이 담겨 있으니까요.

함께 읽어요

슬픔이 가슴을 지나가게 두세요

어떤 일에 대해서 '이겨내라'거나 '힘내라'는 말은 쉽게 할 수 있습니다. 하지만 그 일을 온전히 겪어내야 하는 것은 자신이지요. 슬픔도 그렇습니다. 이겨낼 수 없는 슬픔을 이겨내려 하다 보면 오히려 슬픔에 잠식당하기도 합니다. 그럴 때는 슬픔이 가슴을 지나가도록 내버려두는 것도 괜찮아요. 슬픔이 지나간 자리에 그리움을 남겨 함께 살아가면 되니까요. 슬픔이 가슴을 지나가도록 내버려두는 것이 힘겹다면 다른 이와 슬픔을 나누는 방법도 있습니다. 그러나 다른 이와 슬픔을 나누는 것조차 힘겹다면 그림책의 힘을 빌려보는 건 어떨까요?

『까치밥나무 열매가 익을 때』 요안나 콘세이요 글·그림 | 백수린 옮김 | 목요일 | 2020

표지 그림이 너무 아름다워서 슬픈 영정사진 같아요. 활짝 웃고 있지만 눈은 편안하게 감겨 있는 늙은 남자와 고양이의 그림은 보는 이의 눈을 한참 머물게 합니다. 이 그림책에는 삶과 죽음의 경계를 여행하는 이야기가 담겼습니다. 그래서 떠난 이의 흔적과 남겨진 이의 시선이 함께합니다.

그림을 따라가면 앙리의 흔적을 찾을 수 있습니다. 글을 천천히 읽다 보면 앙리를 그리워하는 남겨진 이의 마음이 느껴집니다. 여러 장면에 걸쳐 그려진 창밖 풍경을 보다 보면 슬라이드 필름을 넘기는 소리가 들리는 듯합니다. 어두운 창밖 풍경으로 마

무리되는 장면을 보고 있으면 이제는 비어버린 앙리의 집이 얼마나 쓸쓸하게 느껴지는지요.

　이 그림책을 읽을 때는 안락의자 같은 편안한 곳에 앉아서 가슴에 책을 품고 잠시 눈을 감아보세요. 그리고 그리운 이를 떠올려봅니다. 손때 묻은 손잡이, 걸어 다니던 길가, 좋아하던 자리……. 하나하나 떠올리다 보면 곁에 함께 있는 것 같습니다. 이제 표지를 넘겨 앞으로 펼쳐질 장면을 천천히 감상하기를 바랍니다.

『다시 봄 그리고 벤』

미바·조쉬 프리기 글 | 미바 그림 | 우드파크픽처북스 | 2019

이른 봄부터 다음 해 봄까지의 이야기입니다. 마음속 깊은 슬픔에서 벗어나는 데는 얼마나 오랜 시간이 필요한 걸까요? 소년을 잃고 악몽과 죄책감에 시달리며 살아가던 노인은 길가에서 작고 연약한 벌을 만나 소년을 대하듯 보살핍니다. 벌을 보살핀다고 소년이 잊히는 것은 아닙니다. 다만, 소년에게 다하지 못한 마음을 '벤'이라는 벌에게 다하는 것이지요.

이 그림책은 그림과 글을 각각 다른 면에 배치하였습니다. 절제된 글에서는 아이를 잃은 슬픔의 고통을 느끼는 것조차 미안해하고 있음이 느껴집니다. 글과 다르게 세밀한 그림에서는 소년에 대한 그리움과 표현하지 못하는 노인의 마음이 장면마다 펼쳐집니다. 온통 파란 배경에 소년의 손을 잡고 눈물을 흘리며 한없이 위로 솟아오르려는 노인의 모습은 깊은 물속의 소년을 높은 하늘로 무사히 데려다주려는 것 같습니다. 소년의 무사를 확인하는 것이 자신의 마지막 임무인 듯합니다. 벤을 향한 새로운 임무는 노인을 일으킵니다. 다시 봄이 온 것이지요. 새로운 임무로 슬픔이 사라지지는 않지만 한 번 더 살아갈 힘은 주지 않을까요?

『배낭을 멘 노인』

박현경·김운기 글 | 한진현 그림 | 대교북스주니어 | 2019

죽음이 삶의 무게를 가볍게 해줄 수 있는지 묻는 그림책입니다. 이미 애니메이션으로 세계에서 인정받은 작품으로 한 편의 영화를 보는 것 같습니다. 인생은 배낭에 무거운 돌을 하나씩 채우는 과정일지도 모르겠습니다. 어느덧 세상과 이별해야 할 때가 되면 그 무게에 허리가 굽기도 하니까요. 평생 배낭을 메고 살아온 노인은 죽어서야 비로소 배낭을 내려놓고 자유롭게 날아오를 수 있었어요. 하지만 그것도 잠시였죠. 마을 사람들이 노인을 잡아 내려 배낭과 함께 장례를 치러줍니다. 관에 누운 노인은 평온해 보였습니다. 죽음이란 삶의 끝이 아니라 과정일지도 모르겠습니다. 모든 것을 내려놓는 것이 죽음인 것 같지만 죽음조차도 다른 사람과의 관계 중 하나이니까요.

사람의 몸은 100조 개의 세포로 이루어졌다고 합니다. 세포 하나의 시작은 세포 분열에 실패하여 돌연변이로 생긴 다세포였다고 해요. 그러니까 우리는 시작부터 온전히 혼자가 아니었던 셈이에요. 하늘을 날아오른 노인이 잠시 행복했던 것은 다시 배낭과 함께 묻혀야 하는 인생이었기 때문인가 봅니다.

『슬픔의 모험』

곤도 구미코 글·그림 | 신명호 옮김 | 여유당 | 2023

"오늘 캔디가 죽었다"로 시작해서 "오늘 캔디는 죽었다"로 끝나는 이 그림책은 자전거 바퀴 구르는 소리 이외에 어떤 글자도 없습니다. 그림으로만 슬픔을 겪는 이의 마음을 표현하고 있습니다. 잔뜩 웅크린 채 자전거를 내달리는 아이의 모습에서 상실의 슬픔이 느껴집니다. 마음을 대변하듯 자전거는 어둡고 깊은 숲속으로 들어갑니다. 현저히 줄어든 속도에서 빠져나갈 길 없는 아픔이 느껴지는 듯합니다. 그림은 온통 부정적인 마음의 상태를 보여주듯 괴물과 폭풍우 그리고 화염에 싸인 듯한 장면을 보여줍니다. '상실의 다섯 단계'가 있다고 합니다. 부정, 분노, 타협, 우울, 수용. 아이를 태운 자전거는 속도를 내려고 하다가 다시 느려지고 간신히 한 걸음씩 나아가며 화염을 지나 드넓은 바다를 마주합니다. 참았던 눈물이 폭발할 때의 기분을 기억하시나요? 눈물방울마다 그려진 캔디는 가슴에 차곡차곡 쌓이는 슬픔이 버티지 못하고 터져

나올 때 함께 나와 사방으로 흩어집니다.

　슬픔은 참으려고 하면 가라앉지 않고 점점 부풀어 오릅니다. 실컷 슬퍼해야만 하는 일도 있으니까요. 부풀어 오르는 슬픔이 느껴질 때 『슬픔의 모험』은 가슴속 통로가 되어줄 겁니다.

삶을 담아요

나의 흔적 이야기 쓰기

『까치밥나무 열매가 익을 때』는 앙리의 흔적을 더듬어가는 이야기입니다. 누구나 살아가면서 자연스럽게 흔적을 남기고는 합니다. 사물이 될 수도 있고 장소가 될 수도 있고 또 다른 무엇일 수도 있지요. 지금 여기 우리들의 흔적을 더듬어보세요. 주변을 둘러보세요. 나의 흔적이 느껴지나요? 그 흔적들은 어떤 이야기를 지니고 있나요?

1. 나의 흔적이 느껴지는 사물이나 장소를 적어보세요.

_____

_____

_____

_____

_____

_____

2. 나의 흔적이 느껴지는 사물이나 장소에 얽힌 이야기를 적어보세요.

3. 나의 흔적에 얽힌 이야기와 관련이 있는 사람에게 전하는 메시지를 남겨주세요.

『공원에서』

앤서니 브라운 글·그림 | 공경희 옮김 | 웅진주니어 | 2021

경계에 갇힌 사람들,
소통을 꿈꾸는 공원

손대희

　　외로운 네 사람이 같은 날 공원에서 있었던 일에 대해 자신의 속마음을 이야기합니다. 고집스러운 중년의 여인과 그녀의 소심한 아들, 가난한데 실직까지 한 아빠와 일찍 철이 든 딸, 이들을 연결해주는 건 두 가정의 강아지들입니다. 아무 걱정 없이 마음껏 공원을 뛰노는 강아지들은 벽이 없는 만큼 자유롭지요.
　　보이지 않는 마음의 벽에 갇힌 사람들은 어떤가요? 편견에 걸리고 체면에 막히다 보면 여전히 혼자인 채로 남겨집니다. 서로 고립되어 이해하지 못하는 어른들은 외모를 보고 상대방의 인간성을 판단하고 오해하지요. 아무 잘못 없이 순식간에 범죄자로 취급받는 순간이기도 합니다. 아이들도 덩달아 잠시 열렸던 마음의 빗장을 다시금 닫아버릴 수밖에 없지요. 누구나 함께 어울릴 수 있는 공간인 공원에서조차 각자 벽을 만들어 갇히다 보니 네 사람은 서로 소통하지 못하고 독백으로 읊조릴 수밖에 없습니다. 즐겁고 환한 모두의 공원이 서글프고 쓸쓸합니다.

서로 고립되어 이해하지 못하는 어른들은
외모로 상대의 인간성을 판단하고 오해합니다.
누구나 함께 어울릴 수 있는 공원에서조차
각자 벽을 만들다 보니
서로 소통하지 못하고
독백을 읊조릴 수밖에 없습니다.

그래도 아이들과 강아지들이 경계 없이 서로를 친구로 삼는 모습에서 희망을 품어봅니다. "다 같이 노니까 진짜 진짜 진짜 재밌었어"라는 소녀의 말처럼 정말 간단한데 말이죠.

화려하고 쨍한 색감의 그림이 반질반질한 재질의 종이에서 선명하게 두드러져 외로운 사람들의 고독을 더욱 강조합니다. 윤곽선은 깔끔하지만 사물의 특징이나 인물의 표정이 섬세하고 꼼꼼하게 표현되어 있지요. 네 사람의 각기 다른 속마음을 서로 다른 글자체로 나타내어 그 성격을 슬며시 드러내기도 합니다. 그림 구석구석을 살피다 보면 곳곳에 재미있는 요소가 숨어 있습니다. 더러운 거리에 아무렇게나 세워놓은 명화 속 주인공들이 우스꽝스럽게 흘러내리는 모습이라든지, 르네 마그리트의 그림을 옮겨놓은 것 같은 분위기 하며, 어딘가 익숙한 영화 속 장면을 찾을 수도 있을 거예요.

꼼꼼히 들여다볼수록 '숨은그림찾기'를 하듯 다채롭게 숨겨둔 보물을 발견할 수 있으니 여러 번 보아도 지루하지 않지요. 살짝 가라앉는 이야기에 약간의 유머를 섞어 무게감을 덜어주는 앤서니 브라운 작가 특유의 표현 방식이 잘 녹아 있어 그림을 자세히 살피며 어떤 장난스러운 요소가 숨어 있는지 찾아보는 재미가 더해집니다.

앤서니 브라운은 세밀한 그림과 깊은 주제 의식 속에 유머를 심어두어 공감과 감동을 주는 작가로 세계적인 인정을 받고 있습니다. 어린이책 최고의 상인 '한스 크리스티안 안데르센상'을 수상한 작가이기도 하고 한국에서는 『돼지책』으로 잘 알려져 있지요. 또 다른 그의 작품인 『기분을 말해 봐!』는 초등학교 1학년 교과서에 실리기도 했답니다. 이 책 역시 삶 속의 소외와 연대에 대한 작가의 주제 의식이 잘 드러나 있어 열린 결말을 각자의 방식으로 상상하게 합니다. 주인공 네 사람이 결국에는 함께하기를, 또한 더 많은 이들이 편견 없이 웃을 수 있기를……. 모두에게 경계가 없는 공원을 꿈꿔봅니다.

> 함께 읽어요

네가 있어 내가 있기에 아름다운 연대

인간의 근원적 모순이 있다면, 얽히고설킨 관계망에 있지만 거기서 벗어나 혼자만의 동굴을 그리워한다는 점입니다. 반대로 혼자 있어 온전히 나만의 것을 누리고 싶지만 함께할 때 느낄 수 있는 위로와 공감이 절실하기도 합니다. 서로 밀어내고 혼자에 익숙한 세상에서 점차 잃어가는 다른 사람을 위한 배려와 나눔, 친구 되기. 고독과 소외를 벗어나 모두가 추구하는 공동체의 덕목은 무엇일까, 고민하며 찾아가는 길의 지도와도 같은 그림책을 소개해봅니다.

『나와 스크러피, 그리고 바다』

앤서니 브라운 글·그림 | 장미란 옮김 | 웅진주니어 | 2023

그림을 볼 때마다 새로운 재미를 발견하는 기분 좋은 책입니다. 선명하면서도 부드러운 색감으로 섬세하고 꼼꼼하게 그려진 바닷가 마을 풍경과 등장인물 군상들의 다양한 특징, 돌멩이 하나하나에 개성 있는 표정을 담은 것까지 '역시 앤서니 브라운이구나' 감탄하게 되지요.

주인공 소년은 늘 똑같은 바다가 지루하기만 한데, 강아지 스크러피는 신나 하고,

오늘따라 형은 보이지 않습니다. 형과 노는 것이 제일 좋은 소년은 심드렁하게 바닷가를 거닐다가 사람들이 모여 웅성거리는 곳에서 저 멀리 물에 빠진 사람을 발견하고는 당황합니다. '어떡하면 좋지?' 사람들은 물에 빠진 사람이 위험하지 않은 것처럼 저마다 딴청을 부리고 있으니 말이죠. 결국 소년은 스크러피를 보내 물에 빠진 사람을 구해냅니다. 두려움을 이겨내고 온 힘을 다한 스크러피 덕분에 한 생명을 구하게 되었지요. 누구도 선뜻 할 수 없는 어려운 일을 스크러피가 해냈어요. 덕분에 소년은 무척 뿌듯합니다. 낯선 이에게 베푼 선행이 가장 소중한 사람을 구하는 뜻밖의 결과로 돌아오다니, 놀라운 일이지요. '내가 똑같은 상황에서 아무 일도 하지 않았다면?' 발칙한 작가의 의도는 슬며시 웃음 짓게 하지만 한편 묵직하기도 합니다.

『가만히 들어주었어』

코리 도어펠드 글·그림 | 신혜은 옮김 | 북뱅크 | 2019

소중한 사람이 절망에 빠져 꼼짝 못 하고 있을 때는 어떻게 해야 할까요? 되도록 빨리 일으켜 세워 새롭게 시작할 수 있도록 해결 방법을 찾아주고 싶을 겁니다. 하지만 그런 간절한 노력은 꼭 필요한 도움이 되지 못하기도 하지요. 곱슬머리 개구쟁이 테일러는 멋들어진 장난감 성을 만들어 으쓱했는데 새들이 성을 무너뜨리고 말았어요. 친구들은 이러쿵저러쿵 해결 방법을 알려주려 애쓰지만, 테일러는 더 힘들고 화가 나기만 합니다. 소통하지 못한 친구들은 모두 곁을 떠나고 말았고요. 그때 살그머니 다가온 토끼가 체온을 나누며 곁에서 기다리고 또 기다립니다. 그러고는 귀 기울여 들어주지요. 친구 스스로 모든 감정을 털어내고 새로운 시작을 할 때까지 토끼는 한마디 말도 하지 않고 듣기만 합니다.

배경 없이 단순하고 명료한 그림으로 친구들 각자의 개성을 표현했습니다. 화려한 그림보다는 메시지 전달에만 집중하여 주제에 구체적으로 다가갈 수 있도록 한 책입니다. 조급하게 건네는 조언이나 충고보다 가만히 들어주기가 진정한 도움이 된다고 말이에요.

『친구에게』 김윤정 글·그림 | 국민서관 | 2016

이 책은 진정한 우정을 위해 해야 할 일을 간결하고도 구체적으로 알려줍니다. 모두 알고 있는 해법일 테지만 실천하기는 쉽지 않지요. 내 것을 선뜻 나누어주거나 차가운 비를 함께 맞는 일, 두려워 머뭇거리는 길에 함께하는 일 이 말처럼 쉽지는 않습니다. 작가는 소개 글에서 어른이 된다는 것은 "나눌 수 있고 먼저 손 내밀 수 있는 것"이라 했습니다. 요즘 어린이, 청소년뿐만 아니라 직장이나 군대와 같은 어른들의 사회에서도 '따돌림' 문제가 심심치 않게 제기되고 있음이 문득 떠올라 뜨끔합니다. 어른들조차 우정의 귀감이 되는 건 쉽지 않은 걸까요?

이 책은 그림을 배치한 방식이 독특합니다. 두 장의 그림 사이에 그림이 그려진 투명한 필름을 두어 책장을 넘기기 전후의 상황이 다르게 펼쳐지도록 구성했지요. 재미있기도 하고 신기하기도 합니다. 투명한 필름을 넘기며 자신이 어떤 위치에서 친구들과 관계 맺고 있는지 되돌아보게 합니다. 작가의 진심이 깃든 우정에 관한 이야기만큼 명료하고 부드러운 그림을 보며 더불어 살아가는 세상에서 친구의 의미를 되새겨보게 됩니다.

『할머니의 팡도르』 안나마리아 고치 글
비올레타 로피즈 그림 | 정원정·박서영 옮김 | 오후의소묘 | 2019

정갈한 미색 바탕 위에 검정, 빨강 그리고 약간의 파랑 색연필로 부족함 없이 정경과 인물의 감정까지 표현했습니다. 눈으로 뒤덮인 숲속 할머니의 외딴집과 앙상한 겨울나무, 갓 구워 김이 모락모락 피어나는 빵 냄새가 코끝을 간질이는 느낌까지 말이지요. 죽음의 신마저 본분을 잊고 점차 할머니의 빵 맛에 젖어들며 온기가 배어들게 만드는 비밀 레시피! 온 세상 어린이를 위한 레시피를 완성한 할머니가 더 이상 미련 없이, 오히려 미련이 생긴 사신을 이끌고 죽음을 향해 의연하게 떠나가는 모습에서 삶과 죽음의 구분조차 의미 없음을 느낍니다. 누군가를 마음 깊이 사랑하고, 사랑하는 사람을 위해 자신이 가장 잘하는 일을 통해 기쁨을 선사할 수 있는 행복은 죽음도 무력하게 만들지요. 이런 행복을 나누어 받는 사람들 또한 그 온기를 나누어줄 수 있겠지요?

비올레타 로피즈 작가의 이전 작품들이 매우 다채로운 색감을 사용했던 데 비해서, 이 책은 절제된 색과 꾸밈없이 단순화된 배경과 인물 묘사만으로 할머니와 사신의 의연함과 감정 변화를 섬세하게 반영합니다. 나이가 드는 것이 노쇠하여 죽음 앞에 무력해지는 것이 아니라, 자신의 완성을 나눔으로 마무리하는 넉넉하고 뜻깊은 일임을 넌지시 일러주지요.

삶을 담아요

자서전 쓰기

지나온 날을 더듬고 남은 날을 꿈꾸며 자신의 이야기를 풀어보세요.

1. 자서전을 만든다면 꼭 기록하고 싶은 일이 있나요? 아직 그런 일이 없다면 앞으로 어떤 일을 해서 그것을 자서전에 남기고 싶나요?

2. 가족이나 친구들에게 어떤 말을 남기고 싶나요? 칭찬의 말, 화해를 청하는 말, 용서를 구하는 말, 삶에 대한 조언 등 누구에게 어떤 말을 남기고 싶은지 대상과 내용을 적어보세요.

5장

그림책으로 만난
나의 봄,
아름다운 봄날

내가 좋아하는 그림책

지금까지 멋진 그림책을 많이 만났지요? 이 책에서 소개하는 그림책이나 또 다른 그림책 중에서 오래도록 간직하고 싶거나 깊은 감동을 받은 작품이 발견될 때마다 하나씩 기록해보세요. 먼저 내가 좋아하는 그림책 목록을 만들어보면 어떨까요? 나만의 그림책 목록이 있으면 속 깊은 친구를 곁에 둔 듯 든든하겠지요?

순번	제목	지은이	출판사/ 출판년도
1			
2			
3			
4			
5			
6			

7			
8			
9			
10			
11			
12			
13			
14			
15			
16			
17			
18			
19			
20			

아이와 함께 읽고 싶은 그림책

그림책은 누구나 읽어도 좋습니다. 혼자서 읽어도 좋고, 친구 또는 가족과 함께 읽어도 좋지요. 특히 아이들은 그림책을 읽어주거나 그림책을 읽고 이야기 나누는 것을 무척 좋아합니다. 손자녀 또는 주변의 아이들과 함께 읽고 싶은 그림책이 있나요? 발견될 때마다 하나씩 적어보세요. 그리고 아이들에게 이야기보따리를 풀어내듯 하나씩 소개해주면 재미나지 않을까요?

순번	제목	지은이	출판사/ 출판년도
1			
2			
3			
4			
5			
6			

7			
8			
9			
10			
11			
12			
13			
14			
15			
16			
17			
18			
19			
20			

친구에게 권하고 싶은 그림책

그림책은 짧지만 울림이 깊습니다. 그림을 넘겨보는 것만으로도 큰 위로와 감동을 얻을 수 있지요. 굴곡진 삶의 굽이를 함께 걸어온 친구들, 또 모임 친구들, 그들에게 건네고 싶은 그림책이 있을까요? 발견될 때마다 하나씩 적어보세요. 그리고 그들에게 읽어보라고 살며시 귀띔해줘도 좋을 것 같습니다.

순번	제목	지은이	출판사/ 출판년도
1			
2			
3			
4			
5			
6			

7			
8			
9			
10			
11			
12			
13			
14			
15			
16			
17			
18			
19			
20			

내가 쓰는 500자 서평

이 책에는 다양한 서평이 실려 있습니다. 특별히 더 마음에 드는 서평이 있었나요? 이를 참고하여 서평 한 편을 써보면 어떨까요? 본인이 좋아하는 그림책 한 권을 골라 500자(이 책 '함께 읽어요'의 서평이 500~700자입니다) 서평 쓰기! 재미나겠죠?

'서평'은 책에 대한 내용과 정보, 감상과 평가가 담긴 글을 말해요. 그렇기에 책의 중심 내용과 그 책의 특징(글과 그림의 특징, 작가의 특징 등)과 가치(작가의 수상 경력이나 본인이 느끼기에 좋은 점 등) 등이 담겨 있는 것이 좋지요. 그럼 시작해볼까요?.

- 서평 제목:
- 책 제목:
- 지은이/ 옮긴이/ 출판사/ 출판년도:
- 서평 글

내가 쓰는
1,000자 서평

500자 서평을 써보았죠? 1,000자도 똑같은 방식으로 쓰면 됩니다. 분량이 넉넉해졌기에 책의 내용이나 특징에 대해 좀 더 자세히 말할 수 있고, 본인의 감상 평도 몇 마디 더 넣을 수 있어요. 1,000자가 부족하다고요? 그럼 1,500자, 2,000자, 그 이상을 써도 좋아요. 본문의 주 도서 서평이 1,300자 안팎이니 이를 참고삼아도 좋을 듯합니다. 너무 어렵다고요? 그럼 슬쩍 넘겨도 괜찮습니다.

- 서평 제목:
- 책 제목:
- 지은이/ 옮긴이/ 출판사/ 출판년도:
- 서평 글

못다 한 이야기

앞에서 못다 담아낸 글을 쓰거나 그림을 그리거나 콜라주 작품을 붙이거나 낙서를 해도 좋은, 자유로운 지면입니다. 하고 싶은 활동을 마음껏 펼치세요.

부록

『그림책, 삶의 순간을 담다』에서 소개한 그림책

다음은 이 책에 수록된 그림책 목록입니다. 읽은 책에 √ 표시를 하고, 읽은 날도 적어둔다면 더욱 소중한 책으로 남지 않을까요?

순번	제목	지은이	출판사	출판년도	읽은 날
1	고향의 봄	이원수 글, 김동성 그림	파랑새	2013	
2	우리 순이 어디 가니	윤구병 글, 이태수 그림	보리	1999	
3	넉 점 반	윤석중 시, 이영경 그림	창비	2004	
4	오빠 생각	최순애 글, 김동성 그림	파랑새	2015	
5	만희네 집	권윤덕 글·그림	길벗어린이	1995	
6	어떤 날, 수목원	한요 글·그림	필무렵	2021	
7	검정 토끼	오세나 글·그림	달그림	2020	
8	적당한 거리	전소영 글·그림	달그림	2019	
9	피어나다	장현정 글·그림	길벗어린이	2020	
10	나뭇잎을 찾으면	에이미 시쿠로 글·그림, 서남희 옮김	피카주니어	2023	
11	콩 심기	신보름 글·그림	킨더랜드	2018	
12	농부 달력	김선진 글·그림	웅진주니어	2022	
13	수박이 먹고 싶으면	김장성 글, 유리 그림	이야기꽃	2017	
14	흔들린다	함민복 시, 한성옥 그림	작가정신	2017	
15	흰 눈	공광규 시, 주리 그림	바우솔	2016	
16	레미 할머니의 서랍	사이토 린·우키마루 글, 구라하시 레이 그림, 고향옥 옮김	문학과지성사	2022	
17	옥춘당	고정순 글·그림	길벗어린이	2023	
18	당신과 함께	잔디어 글·그림, 정세경 옮김	다림	2019	
19	누가 상상이나 할까요?	주디스 커 글·그림, 공경희 옮김	웅진주니어	2017	

20	까치가 물고 간 할머니의 기억	산드라 푸아로 셰리프 글·그림, 문지영 옮김	한겨레아이들	2015
21	구부러진 길	이준관 글, 장은용 그림	온서재	2021
22	나오니까 좋다	김중석 글·그림	사계절출판사	2018
23	청구회 추억	신영복 글, 김세현 그림	돌베개	2008
24	리디아의 정원	사라 스튜어트 글, 데이비드 스몰 그림, 이복희 옮김	시공주니어	2017
25	두 갈래 길	라울 니에토 구리디 글·그림, 지연리 옮김	살림	2019
26	미장이	이명환 글·그림	한솔수북	2020
27	할아버지와 소나무	이명환 글·그림	계수나무	2019
28	경옥	이명환 글·그림	한솔수북	2022
29	사랑하는 당신	고은경 글, 이명환 그림	곰세마리	2020
30	가족	이명환 글·그림	쉼	2020
31	핫 도그	더그 살라티 글·그림, 신형건 옮김	보물창고	2023
32	엄마는 바다가 좋아	정혜경 글·그림	한울림어린이	2022
33	빛이 사라지기 전에	박혜미 글·그림	오후의소묘	2021
34	파도가 차르르	맷 마이어스 글·그림, 김지은 옮김	창비	2020
35	파도는 나에게	하수정 글·그림	웅진주니어	2019
36	세상에서 가장 아름다운, 집으로 가는 길	데이브 에거스 글, 앤젤 창 그림	상수리	2020
37	이탈리아 기행	요한 볼프강 폰 괴테 원작, 김재홍 글, 한지영 그림	고래의숲	2022
38	어떻게 여행 가방에 고래를 넣을까	라울 니에토 구리디 글·그림, 김정하 옮김	주니어김영사	2022
39	이 길	우치다 린타로 글, 다카스 가즈미 그림, 명정화 옮김	책빛	2018
40	풍경편지	이채린 글, 김규희 그림	옐로스톤	2022
41	할아버지의 감나무	서진선 글·그림	평화를품은책	2019
42	사과꽃	김정배 글, 김휘녕 그림	KONG	2023
43	숨바꼭질	김정선 글·그림	사계절출판사	2018
44	막두	정희선 글·그림	이야기꽃	2019
45	봄꿈	권정생 편지, 고정순 글·그림	길벗어린이	2022
46	휴가	이명애 글·그림	모래알	2021
47	할머니의 여름휴가	안녕달 글·그림	창비	2016
48	여름빛	문지나 글·그림	사계절출판사	2023

49	백 살이 되면	황인찬 글, 서수연 그림	사계절출판사	2023
50	마지막 휴양지	존 패트릭 루이스 글, 로베르토 인노첸티 그림, 안인희 옮김	비룡소	2003
51	오, 미자!	박숲 글·그림	노란상상	2019
52	나는 나 나혜석	정하섭 글, 윤미숙 그림	우주나무	2021
53	가리봉 호남곱창	조하연 시, 손찬희 그림, 박려정 옮김	걀애	2021
54	나는 해녀입니다	김에나 글, 장준영 그림	키큰도토리	2022
55	일곱 할머니와 놀이터	구돌 글·그림	비룡소	2022
56	아버지의 연장 가방	문수 글·그림	키위북스	2021
57	아빠의 작업실	윤순정 글·그림	이야기꽃	2021
58	여름의 잠수	사라 스트리츠베리 글, 사라 룬드베리 그림, 이유진 옮김	위고	2020
59	꽃할배	윤혜신 글, 김근희 그림	씨드북	2016
60	커다란 손	최덕규 글·그림	윤에디션	2020
61	엠마	웬디 케셀만 글, 바바라 쿠니 그림, 강연숙 옮김	느림보	2004
62	눈이 사뿐사뿐 오네	김막동, 김점순, 박점례, 안기임, 양양금, 윤금순, 최영자 글·그림	북극곰	2017
63	할머니의 정원	백화현 글, 김주희 그림	백화만발	2020
64	숲 속 재봉사의 꽃잎 드레스	최향랑 글·그림	창비	2016
65	우리들의 작은 부엌	질리안 타마키 글·그림, 신형건 옮김	보물창고	2022
66	내가 아는 기쁨의 이름들	소피 블랙올 글·그림, 정회성 옮김	웅진주니어	2023
67	하루살이가 만난 내일	나현정 글·그림	글로연	2023
68	과자가게의 왕자님	마렉 비에인치 글, 요안나 콘세이요 그림, 이지원 옮김	사계절출판사	2018
69	틈만 나면	이순옥 글·그림	길벗어린이	2023
70	나이가 들면 어때요?	베티나 옵레히트 글, 율리 필크 그림, 전은경 옮김	라임	2023
71	앙통의 완벽한 수박밭	코린 로브라 비탈리 글, 마리옹 뒤발 그림, 이하나 옮김	그림책공작소	2021
72	완벽한 아이 팔아요	미카엘 에스코피에 글, 마티외 모데 그림, 박선주 옮김	길벗스쿨	2017
73	완벽한 우리 아빠의 절대! 안 완벽한 비밀 11	노에 까를랑 글, 호녕 바델 그림, 윤민정 옮김	바둑이하우스	2020
74	완벽한 계획에 필요한 빈칸	쿄 매클리어 글, 훌리아 사르다 그림, 신지호 옮김	노란상상	2016

75	완벽한 계란 후라이 주세요	보람 글·그림	길벗어린이	2023
76	당나귀 도서관	모니카 브라운 글, 존 파라 그림, 이향순 옮김	북뱅크	2014
77	책冊	지현경 글·그림	책고래	2019
78	무어 사서 선생님과 어린이 도서관에 갈래요!	잰 핀버러 글, 데비 애트웰 그림, 서남희 옮김	다산기획	2016
79	도서관 할아버지	최지혜 글, 엄정원 그림	고래가숨쉬는도서관	2014
80	꿈을 찾는 도서관	유이 모랄레스 글·그림, 김경미 옮김	비룡소	2019
81	시를 읽는다	박완서 글, 이성표 그림	작가정신	2022
82	시, 그게 뭐야?	토마 비노 글, 마르크 마예프스키 그림, 이경혜 옮김	북극곰	2023
83	눈의 시	아주라 다고스티노 글, 에스테파니아 브라보 그림, 정원정·박서영 옮김	오후의소묘	2020
84	야, 눈 온다	이상교 글, 김선진 그림	보림	2023
85	연탄	안도현 시, 이관수 그림	봄이아트북스	2023
86	삼거리 양복점	안재선 글·그림	웅진주니어	2019
87	연탄집	임정진 글, 지경애 그림	키다리	2017
88	짜장면 왔습니다!	진수경 글·그림	책읽는곰	2017
89	사진관집 상구	유애로 글·그림, 유석영 사진	보림	2018
90	만리동 이발소	한주리 글·그림	소동	2023
91	기억 상자	조애너 롤랜드 글, 테아 베이커 그림, 신형건 옮김	보물창고	2023
92	그린다는 것	이세 히데코 글·그림, 황진희 옮김	천개의바람	2023
93	리시의 다이어리	엘런 델랑으 글, 일라리아 차넬라토 그림, 김영진 옮김	주니어RHK	2021
94	할아버지의 안경	릴리아나 보독 글, 나디아 로메로 마르체시니 그림, 최희선 옮김	라플란타	2022
95	할머니 머릿속에 가을이 오면	다그마 H. 뮐러 글, 베레나 발하우스 그림, 김경연 옮김	주니어김영사	2007
96	겨울, 나무	김장성 글, 정유정 그림	이야기꽃	2020
97	천하무적 영자 씨	이화경 글·그림	달그림	2020
98	괜찮아 아저씨	김경희 글·그림	비룡소	2017

99	진정한 일곱 살	허은미 글, 오정택 그림	만만한책방	2017
100	마음먹기	자현 글, 차영경 그림	달그림	2020
101	모든 주름에는 스토리가 있다	다비드 그로스만 글, 안나 마시니 그림, 황유진 옮김	샘터	2021
102	함께	루크 아담 호커 글·그림, 김지연 옮김	반출판사	2021
103	소년과 두더지와 여우와 말	찰리 맥커시 글·그림, 이진경 옮김	상상의힘	2020
104	100 인생 그림책	하이케 팔러 글, 발레리오 비달리 그림, 김서정 옮김	사계절출판사	2019
105	자코미누스: 달과 철학을 사랑한 토끼	레베카 도트르메르 글·그림, 이경혜 옮김	다섯수레	2022
106	할머니의 뜰에서	조던 스콧 글, 시드니 스미스 그림, 김지은 옮김	책읽는곰	2023
107	할머니 엄마	이지은 글·그림	웅진주니어	2016
108	우리 다시 언젠가 꼭	팻 지틀로 밀러 글, 이수지 그림·옮김	비룡소	2022
109	행복을 나르는 버스	맷 데 라 페냐 글, 크리스티안 로빈슨 그림, 김경미 옮김	비룡소	2016
110	겨울 이불	안녕달 글·그림	창비	2023
111	안녕, 코끼리	로랑스 부르기뇽 글, 로랑 시몽 그림, 안의진 옮김	바람의아이들	2023
112	까치밥나무 열매가 익을 때	요안나 콘세이요 글·그림, 백수린 옮김	목요일	2020
113	다시 봄 그리고 벤	미바·조쉬 프리기 글, 미바 그림	우드파크 픽처북스	2019
114	배낭을 멘 노인	박현경·김운기 글, 한진현 그림	대교북스주니어	2019
115	슬픔의 모험	곤도 구미코 글·그림, 신명호 옮김	여유당	2023
116	공원에서	앤서니 브라운 글·그림, 공경희 옮김	웅진주니어	2021
117	나와 스크러피, 그리고 바다	앤서니 브라운 글·그림, 장미란 옮김	웅진주니어	2023
118	가만히 들어주었어	코리 도어펠드 글·그림, 신혜은 옮김	북뱅크	2019
119	친구에게	김윤정 글·그림	국민서관	2016
120	할머니의 팡도르	안나마리아 고치 글, 비올레타 로피즈 그림, 정원정·박서영 옮김	오후의소묘	2019

그림책, 삶의 순간을 담다

2024년 9월 3일 1판 1쇄 인쇄
2024년 9월 13일 1판 1쇄 발행

지은이 어른그림책연구모임
펴낸이 한기호
책임편집 정안나
편집 도은숙 유태선 김현구 김혜경
마케팅 윤수연
디자인 블랙페퍼디자인
경영지원 국순근
펴낸곳 백화만발
    출판등록 2019년 4월 17일 제2019-000120호
    주소 04029 서울시 마포구 동교로 12안길 14(서교동) 삼성빌딩 A동 2층
    전화 02-336-5675 팩스 02-337-5347
    이메일 kpm@kpm21.co.kr
    홈페이지 www.kpm21.co.kr

ISBN 979-11-978066-5-0 (03810)

- 백화만발은 한국출판마케팅연구소의 임프린트입니다.
- 잘못된 책은 구입처에서 교환해드립니다.
- 책값은 뒤표지에 있습니다.